Conociendo "LA TORÁ"

Conociendo "LA TORÁ"

"La Torá no es un libro de historia, sino más bien un instructivo de vida"

Autor: **Salomón Michán M.**
salomichan@hotmail.com
(521) 55 5965-1288 México

Revisión y corrección del texto: **Sra. Margarita Cohen**
Diseño gráfico: **Lic. Jacqueline Atri**

Editorial Jerusalem de México
Homero 1212 Polanco
México D. F. 11550
Tel. (52)-(55)-52-03-09-09

editorial@jerusalemdemexico.com
www.jerusalemdemexico.com

Este libro puede también conseguirse en:
Argentina: Tel. (54-11) 49-63-38-43
Israel: Hajidá 12, Bait Vegan
Jerusalen
Tel. (972-2) 641-15-80

ISBN en trámite

"Muchos piensan que la Torá es sólo para adquirir el Mundo Venidero; pero la realidad es que el cumplimiento de la Torá y de las *Mitzvot,* aparte de adquirir tu Mundo Venidero, también te enseña a cómo vivir esta vida de la mejor manera posible"

Este libro fue donado para Berajá y Hatzlajá de nuestros hijos:

Abud y Nancy, Jonathan David y Alexander Attie

Zury y Fortuna Attie

ÍNDICE

ÍNDICE DETALLADO

INTRODUCCIÓN

También existe vida antes de la muerte

La gente se pregunta si, de acuerdo a la Torá, existe la vida después de la muerte. La respuesta de la Torá es que no sólo existe la vida después de la muerte, sino que también existe vida antes de la muerte.[1]

La Torá no es el único medio para obtener nuestra parte en el Mundo Venidero, sino que también es un instructivo de vida para todas las personas: al rico le enseña a ser amo de su dinero sin llegar a ser esclavo de él; al pobre lo motiva a soportar; a las parejas a vivir con alegría; a los padres a educar, y a los hijos a respetar.

Por eso, quien piensa que cumplir la Torá significa sacrificar este mundo para poder obtener el Mundo Venidero, está completamente equivocado.[2]

---

[1] Rab Jacobson.
[2] Rab Israel de Salanter.

¿Quién realmente goza?

Aquellos que no viven de acuerdo la Torá, piensan que existen dos tipos de personas: las que gozan, disfrutan y hacen lo que quieren sin tener restricciones, y las que se rigen de acuerdo a la Torá enfrentando dificultades, encadenamientos y leyes sobre qué no comer, cómo hablar, qué ver o cómo actuar ante cualquier circunstancia.

En algo tienen razón: Somos dos tipos de personas distintas, aunque en algo sí están rotundamente equivocados: no saben que aquel que se basa y rige su vida por el camino de la Torá, es quien realmente goza.

Yo te pregunto: ¿Acaso ver a tus hijos en Shabat, alrededor de una mesa digna de reyes preparada por tu esposa, donde todos cantan al unísono *Shalom Aléjem,* no es un motivo de alegría? ¿Existe alguien que después de *Yom Kipur,* a pesar de haber ayunado más de 24 horas, no se sienta pleno y alegre?

La verdad es que cumplir la Torá no es fácil, pero ¿quién dice que lo fácil es lo mejor?

Antes de que Dios nos diera la Torá, dijo: "Y ustedes serán para Mí un pueblo de reyes…". Con esta frase, Dios nos da una introducción del por qué existen restricciones en la Torá: Él quiere un pueblo de reyes, y un rey no puede vestir como quiere, ni comer como quiere, ni tampoco ir a donde quiere. Para que el rey se distinga entre los demás, debe comportarse diferente a los demás.

En un mensaje enviado a la comunidad judeo americana con motivo de *Rosh Hashaná* del año 5771 (8 de septiembre del 2010), Barack Obama, expresidente de los Estados Unidos de Norteamérica, dijo: "A lo largo de la historia, el Pueblo Judío ha sido "Luz para las Naciones".

No solamente **Yeshayáhu** dijo que Israel es *"Luz para las Naciones"*, sino que uno de los hombres más influyentes del mundo no judío, también lo reconoció así.

Muchos podrían pensar que la Torá es preciosa y hermosa, "pero a mí no me gusta", dirán algunos, lo que significa que en gustos se rompen géneros.

Por lo tanto, debemos saber que la Torá no es como el salmón, que, si no te gusta a pesar de ser un manjar, no pasa nada y puedes elegir comer otras cosas. La Torá es como el oxígeno: respirar es una de las cosas más satisfactorias que hay en este mundo, pero también es obligatoria. Nadie puede decir: "a mí no me gusta respirar".

Y éste es el motivo por el cual, desde hace algunos años, me he esforzado en trasmitir a mis queridos amigos en clase, los siguientes cuatro puntos:[3]

1. La Torá alumbra este mundo tan oscuro y te ayuda a obtener tu Mundo Venidero.
2. A pesar de sus restricciones, la Torá es más dulce que la miel.
3. El Pueblo de Israel es un pueblo de reyes, y eso te compromete a ser ejemplo y luz para los demás Naciones.
4. para el Pueblo Judío, la Torá es obligatoria y no optativa.

Creo que cualquier *yehudí* está obligado a aprender estos cuatro puntos, y estoy seguro de que, al conocerlos, puede cambiar su vida.

"La Torá"

Cada día, Dios nos da un regalo que tenemos marcado en lo más profundo de nuestro corazón, el

[3] Palabras de Suri Cattán.

cual reconocimos al momento de recibirlo. De hecho, lo aceptamos hace mucho tiempo, sin saber siquiera de qué se trataba, ya que incluso existe desde antes de la Creación, pero continúa renovándose diariamente. Un regalo que sostiene al mundo y deja chispas infinitas detrás de cada palabra: **"La Torá".**

La Torá nos enseña cómo rezar, cómo despertar cada mañana y agradecer la vida antes de iniciar cualquier otra actividad, tal como forjar un tiempo espiritual en mi día a día para permitir que mi vida se detenga por un momento, y así recordar quién soy y qué estoy tratando de lograr, o pedir cuando necesito ayuda. También me enseña a transformar mis pensamientos negativos en positivos y, entre otras cosas, cómo recordar que nunca estoy solo.

La Torá me da una verdadera sabiduría. El conocimiento de mis antepasados me enseña de dónde vengo y me dice qué características de personalidad debería cuidar. Me cuenta historias del pasado que aún son actuales hoy en día, y me muestra cómo utilizar sus lecciones. Cada día me da una nueva sabiduría que se hace más profunda y, con estos conocimientos, atraigo más conocimiento... ideas que me hacen crecer, me cambian la vida y me transforman como individuo.

"La Torá es un manual hecho por Dios para que obtengamos el mayor potencial como personas y podamos disfrutar la vida de una manera distinta a la de la calle"

Prólogo

Todos firmamos un contrato hace más de tres mil años...

Sucedió hace más de veinte años —comienza diciendo la **Rabanit Esther Jungreis**—, que acababa de dar una conferencia en Portland, Oregón. Mis hijos aún eran pequeños y dondequiera que yo aceptara un compromiso para hablar fuera de mi hogar, me aseguraba de tomar un vuelo de regreso el mismo día a fin de estar a tiempo para darles el desayuno y mandarlos a la escuela.

Siempre encontré esas pláticas motivacionales. Ver cómo la gente que estaba alejada y asimilada se iba involucrando y cambiaba para bien, ha sido siempre una de mis experiencias más inspiradoras e impresionantes.

Esa noche, Portland no fue la excepción: surgieron muchas preguntas y traté de quedarme el mayor tiempo posible antes de salir corriendo al aeropuerto. Al momento en que subí al avión, me sentía agotada y exhausta. Le dije a Bárbara —mi asistente— que sólo quería cerrar los ojos y dormir un poco. Afortunadamente, el avión estaba medio vacío, así que pedí a la aeromoza un cojín y una cobija de más.

Estaba a punto de quedarme dormida, cuando un hombre joven se nos acercó. Realmente estaba muy cansada para hablar con alguien, pero de nuevo, quizá había alguien a quien debía acercar al buen camino.

—¿Es usted de Portland? —me preguntó.

—No, soy de Nueva York, pero estuve dando una plática ahí.

—¿Dónde tuvo lugar su conferencia?

—En la sinagoga local.

—Yo no me involucro con ninguna de esas cosas.

—¿Eres judío? —le pregunté.

—Creo que sí —él dijo.

—¿Sólo lo crees?

—Sí. Es un accidente de nacimiento; realmente no tiene nada que ver con mi vida.

Nuestra conversación se vio interrumpida por la aeromoza, que en ese momento estaba repartiendo los bocadillos de medianoche.

—Jungreis —dijo leyendo la etiqueta—. La tengo anotada con alimentos Kosher. Y a usted, ¿qué le gustaría tomar? —preguntó dirigiéndose al extraño.

—Comeré un sándwich de jamón y queso —fue su respuesta.

—No puedes comer eso —lo interrumpí.

—¿A qué se refiere con que *no puedo* comer eso? Es mi sándwich favorito.

—Pero me dijiste que eres judío.

—¿Y qué?

—¿Y qué? Debes estar bromeando... Firmaste un contrato; sellaste un pacto en el Monte Sinaí para no comer esas cosas. Tú estuviste ahí. Todas las almas judías que alguna vez iban a nacer, estuvieron ahí. De hecho —añadí— viéndote en este momento, creo que te recuerdo. Todos prometimos mantener ese pacto.

Me miró incrédulo.

—Señora, ¿sabe algo? ¡Usted está loca! ¡Realmente loca!

Y enseguida se levantó, se fue a su asiento, y dijo a la aeromoza cuando pasó por el pasillo:

— ¡Esta mujer está enferma de la cabeza!

El resto del viaje ni siquiera me miró.

Llegando al aeropuerto JFK de Nueva York, nos encontramos nuevamente en las bandas de equipaje y me dijo:

— ¿Sabe? Usted está loca.

—Escucha, mi nombre es Esther Jungreis; aquí está mi tarjeta. Tenemos una organización llamada *Hineni,* que significa: "Aquí estoy"... lista para servir a mi pueblo y a mi Dios. Recordamos a la gente el pacto que sellamos con Él en el Sinaí y lo puedes comprobar por ti mismo. Todo está documentado en un libro llamado Torá, donde podrás encontrar toda la historia; tú mismo lo verás... recuerda que en verdad tú también estuviste ahí. Si necesitas ayuda, no dejes de llamarme.

Volví a casa y a mi rutina diaria: los niños me estaban esperando; mi esposo recién regresaba de la sinagoga y me puso al tanto de los últimos sucesos. El teléfono sonó; tenía clases que preparar... la casa debía ponerse en orden, y olvidé por completo aquel encuentro casual, mientras volaba por el cielo.

Varios años más tarde, mientras impartía mi clase en *Hineni,* de pronto entró al salón un hombre vestido con sombrero y saco negro.

—Rebetzin —dijo—, ¿me reconoce?

—Tu rostro me parece conocido (siempre es mi típica respuesta para no ofender a cualquiera que no conozco).

—Debemos regresar el tiempo atrás —dijo el hombre—. ¿Recuerda el vuelo de media noche desde Portland, Oregón?

Aquel incidente volvió a mi mente.

—No puedes ser ese muchacho...

—Lo soy —dijo sonriendo—. Nunca olvidé sus palabras; me tomó tiempo entenderlas, pero fui a comprobarlas a la Torá y usted estaba en lo correcto. Yo estuve ahí... firmé un contrato con Dios y sellé un pacto, y ahora vengo con usted porque me gustaría que me ayude a conocer a alguna chica a quien quizá también le hubiese pasado algo parecido a mi historia.

En la actualidad, mi amigo del "vuelo de medianoche" es un orgulloso padre de una maravillosa familia que vive conforme a su pacto.

La Torá es lo que nos da la vida

El hermano del **Maharal de Praga** escribió una historia preciosa y con un mensaje fenomenal:

"En cierta ocasión, un violinista muy querido por el rey hizo algo incorrecto que merecía la pena de muerte. Cuando el rey supo que el violinista era el culpable de dicho incidente lo quería matar, pero recordó que el músico le daba mucha serenidad con sus melodías, por lo cual decidió perdonarlo.

Después de un tiempo, el violinista tuvo un accidente en sus dedos y ya no podía tocar más el violín. Entonces el rey decidió matarlo.

La gente estaba sorprendida, ya que el violinista no había hecho nada malo por el momento, sino únicamente años atrás.

Dijo el rey:

—Este violinista tenía un decreto de muerte varios años atrás, pero su música era lo que lo mantenía vivo. Ahora que ya no toca el violín, recibirá el castigo que tenía pendiente".

Lo mismo aplica para cada uno de nosotros: tal vez tengamos algún decreto malo en nuestra contra, pero debemos saber que lo que nos mantiene vivos es la Torá, y que Dios disfruta cuando la estudiamos.

Los beneficios por ocuparse de la Torá

Está escrito en **Pirké Abot** algo hermoso que dijo **Rabí Meir**: *"Todo aquel que se ocupa de la Torá, tendrá un gran mérito. Y no sólo eso, sino que también será querido por Dios y por la sociedad: alegra a Dios y alegra a la sociedad; se vestirá de humildad y de temor. Será un hombre justo, correcto y fiel; se alejará de los pecados y podrá aconsejar con sabiduría e inteligencia a su prójimo"*.[4]

Esto lo podemos comprobar fácilmente al observar a todos esos *Jajamim* que se comportan como la Torá lo pide: son humildes y queridos por las personas, son amados por Dios y le temen; son

[4] Pirké Abot 6, 1.

correctos en su forma de ser, y saben aconsejar a quienes los necesitan.

¿Quiénes gozan de una vida realmente feliz?

Uno de los motivos por el que una gran mayoría de las personas viven angustiadas en este mundo, se debe a qué tan alejadas están de la Torá, sin saber que ellos mismos se están dañando tremendamente.

Como un hombre que necesita estar conectado a los aparatos en un hospital y se desconecta a sí mismo porque se le hace incómodo tener tantos cables encima de él.

Así como si un pez saliera del agua, ¿acaso tiene alguna probabilidad de subsistir? Dios hizo que la naturaleza del pez fuera requerir del agua para vivir, y lo mismo sucede con la Torá: No hay manera de poder vivir sin ella.

Demos un ejemplo para entender el mensaje:

Un niño tenía una pecera en su casa y miraba a los peces durante horas pensando que éstos se aburrían nadando de un lado a otro sin hacer nada emocionante; sólo nadaban durante muchas horas, semanas y meses.

Un día, el niño intentó probar algo diferente y sacó un pez de la pecera para darse cuenta de una posible solución: al salir de la pecera, el pez "bailaba" emocionado entre las manos del niño, y le parecía que el pececito mostraba la felicidad que sentía fuera de la pecera.

Al ver esta escena, su padre le dijo que el pez no se divertía fuera del agua, sino que se estaba muriendo y se agitaba de angustia, así que le dijo al niño:

— ¡La verdadera felicidad del pez está dentro del agua, aunque tú lo veas aburrido y parezca que no tiene nada emocionante qué hacer!

Así mismo es la Torá: podemos pensar que toda esa gente que se conduce según la Torá vive aburrida y se está perdiendo de todo lo emocionante que ésta nos ofrece, pero realmente no es así. Cuando vemos a mucha gente "bailando y moviéndose sin un rumbo fijo en la vida", advertimos que no goza de una vida realmente feliz, sino que sólo se agitan como peces que se salen del agua.

Todo aquel que se aleja de la Torá, se aleja de Dios

No pensemos que la persona que se aleja de la Torá es sólo un individuo que no es religioso, sino que se está alejando de Dios, nuestro Padre Celestial, que nos da la vida cada momento.[5]

La única manera para estar apegado a Dios, es ocupándonos de la Torá.

No basta con tener parte en el Mundo Venidero

Dice el **Talmud**: *"Todo el pueblo de Israel tiene parte (Jélek Leolam Habá) en el Mundo Venidero"*[6]. Por otro lado, dice la **Guemará**: *"Quien estudia la Torá todos los días, tiene asegurado que es hijo del Mundo Venidero (Ben Olam Habá)".*[7]

Debemos entender cuál es la diferencia entre "tener parte" y "ser hijo" (considerarse como en casa) en el Mundo Venidero.

---

[5] Zohar Vayikrá 21, 1.
[6] Maséjet Sanhedrín al principio del capítulo "Jelek".
[7] Maséjet Meguilá 28b.

Explica el **Jafetz Jaim**: "Esto se parece a un hombre que fue invitado a la boda de una de las familias más ricas de la ciudad.

Por cuanto que era muy querido por los anfitriones, le mandaron especialmente a una persona para anunciarle que lo estaban esperando en la boda, y al llegar, fue recibido especialmente por el rico en la entrada del salón, y lo sentó en la mejor mesa.

Cuando los pobres de la ciudad se enteraron de la boda, uno de ellos llegó corriendo al banquete e intentó buscar un lugar en la mesa donde se sentaban las personas sin recursos.

Por supuesto que el rico no salió a recibirlo ni lo sentó en la mejor mesa, sino que sólo le permitió entrar y comer algo en la mesa de los pobres".

Dice el Jafetz Jaim: "Lo mismo aplica en el Mundo Venidero: quien estudia Torá todos los días es como ese hombre querido por el rico de la ciudad e, incluso, salen a recibirlo y lo sientan en la mejor mesa. Por el contrario, quienes no estudian Torá podrán entrar al Mundo Venidero, pero no sabrán dónde les tocará sentarse".

Esto lo vemos de las palabras que decimos en la Tefilá: *"Hashibenu Abinu Letorateja, Vekarebenu Malkenu Laabodateja" – Regrésanos, Padre nuestro, a Tu Torá y acércanos, nuestro Rey, a Tu servicio.*

Podemos notar claramente que cuando se habla de: *"nuestro Padre"* es cuando estudiamos Torá, y cuando se habla de *"nuestro Rey"*, es cuando cumplimos con Su servicio, que son las *mitzvot*.

El hecho de estudiar Torá nos convierte en hijos de Dios, pero cuando cumplimos *mitzvot* somos esclavos de Dios. La diferencia es clara: un hijo tiene mayor contacto con su padre, que el esclavo con el rey.

Ése es el valor de quienes estudian la Torá: Dios nos considera como Sus hijos y nos tiene reservado un lugar especial en el Mundo Venidero.

La Torá y el agua

Está escrito que la Torá se compara con el agua. ¿Cuál es el motivo? No la comparamos con el fuego, que es un elemento muy importante para el mundo, ni tampoco con el oxígeno, cuya falta -como todos sabemos- provoca que ningún ser vivo pueda existir.

Cuando le preguntamos a un niño si conoce el mar dirá que sí, aunque sólo lo haya visto en una foto o quizá haya ido alguna vez, pero cree que esa parte que él está viendo es todo el mar. En cambio, si le preguntamos lo mismo a una persona un poco mayor que ya ha ido al mar y se ha metido en él por más tiempo, responderá que ya lo conoce. Y si preguntamos a alguien que vive a la orilla del mar y ha empezado a surfear un poco, contestará que ya lo conoce.

Asimismo, un lanchero que todos los días navega muchos kilómetros en el mar, dirá que lo conoce muy bien.

Los buzos contestarán que lo más bonito, en realidad está en lo más profundo del mar, y que no nos imaginamos lo grandioso que es, las miles de especies de peces de colores que ahí viven, y que no hay manera de explicarlo con simples palabras, ya que mientras más se sumergen más en lo profundo del océano, más se asombran…

Lo mismo ocurre con la Torá: mientras más nos "sumergimos" en ella con el corazón, la disfrutamos mucho más, pero también podemos ver a muchas personas que son felices observando desde afuera. Ellos creen que ya conocen la Torá, como el niño y el mar, pero sabemos que en realidad no saben nada de ella.

Si analizamos un poco, descubriremos que todo lo que tenemos en el mundo depende del "agua", que es lo más importante, ya que sin agua no podríamos tener mesas, sillas, etc.

¿Cómo es esto? Si no lloviera, no habrían crecido los árboles, y si éstos no crecen, no pueden cortarse para hacer una mesa, o simplemente toda la comida que nos alimenta, desde los frutos, hasta la misma carne de los animales: si éstos no comieran el pasto que crece gracias a la lluvia, no tendríamos comida.

Igual sucede con la ropa de lana: si la oveja no hubiera comido pasto, no habría tenido esa lana y nosotros no podríamos vestir las prendas que se hacen con ella…

Ése es uno de los motivos por los que la Torá se compara con el agua y no con el fuego, pues todo el mundo depende del agua. Analicémoslo y veremos que es verdad:

Está escrito que quien dedica tiempo al estudio de la Torá, trae toda la *Berajá* al mundo. Así también, si está lloviendo ahora en otro país, de ahí empieza a venir la *Berajá,* pues cae y crecen frutos que después se exportan por todo el mundo. Aunque no llueva donde nosotros vivimos, esa agua nos beneficia de otras maneras.

"Rabí Akibá comparó al Yehudí con los peces y a la Torá con el agua, para enseñarnos que el Yehudí debe respirar y existir solamente en un medio de Torá"

LA TORÁ ES UNA GUÍA QUE NOS EDUCA

Dijo **Rab Shlomo Volbe**: "Hasta el día de hoy, todos los grandes Sabios del Pueblo de Israel son ejemplo de la extraordinaria armonía que hay entre la sabiduría y la acción; el conocimiento y los hechos".

La señal eterna de que la Presencia de Dios mora entre el pueblo judío, es que han existido grandes *Jajamim* en cada generación; personas que han alcanzado altos niveles de excelencia en Torá y en sus actos. Esta extraordinaria mezcla de sabiduría con piedad, es su sello distintivo.[8]

Un pequeño ejemplo de los grandes *Jajamim*

Un ejemplo de cómo se comportan los grandes *Jajamim*: En cierta ocasión, en Nueva York, el **Rab Moshé Fainshtein** fue escoltado hasta el auto que lo transportaba. Después de que lo ayudaron a subir, le pidió al chofer que aún no avanzara, y tras

---

[8] Alé Shur 1, 57.

un largo rato, cuando aquel que lo había ayudado ya no estaba a la vista, el Rab abrió la puerta del auto y, sin emitir sonido alguno, retiró su mano - que había sido agarrada por la puerta, machucando sus dedos. El chofer sorprendido le preguntó:

—Rab, ¿por qué no gritó?

El Rab Fainshtein le respondió:

—No quise avergonzar al hombre que cerró la puerta sobre mi mano.[9]

Estudiar para cumplir y aplicarlo

En una ocasión, un hombre llegó con el **Rab Mendel de Kotzk** y le comentó con mucha vanidad que había terminado todo el *Shás* (todos los tomos del *Talmud*).

Le dijo Rab Mendel de Kotzk:

—¿Ya terminaste de estudiar todo el *Shás* completo? Ahora yo te pregunto: ¿Y qué aprendiste de todo lo que estudiaste?

No basta con estudiar, ¡debemos aplicarlo en nuestras vidas!

---

[9] Rab Akiva Tatz, "Anatomy of a Search" (Anatomía de una Búsqueda), página 38 – La consideración del Rab Moshé Feinstein.

La Torá es un manual de cómo debemos conducirnos

Debemos saber que la Torá es una guía que nos enseña a ser personas educadas y con buenas virtudes. Demostraremos que en la Torá y los libros de nuestros Sabios mencionan las reglas de la educación, tal y como lo expresó uno de ellos:

"La Torá es un manual de cómo debemos conducirnos, qué debemos hacer, y de qué manera".

En realidad, es suficiente con mirar a nuestro alrededor: ¿Dónde encontramos tantas enseñanzas sobre las leyes del respeto a los padres, la humildad, perfeccionar nuestras cualidades y ayudar al prójimo? Estas bellas enseñanzas, lamentablemente, ya no se inculcan en la llamada educación "moderna" y "actual".

No cabe duda de que nunca encontraremos principios tan nobles como éstos en un ambiente impregnado por las malas influencias del Internet y los demás medios modernos de comunicación. ¿Acaso aquellos padres que dan a sus hijos una educación "moderna" —como ellos lo entienden, ignorando los lineamientos de la Torá—, tienen derecho a cuestionar a sus hijos por sus actitudes, o por la elección de sus compañeros? Y si por fin se atreven a hacerlo, ¿cómo reaccionarán sus hijos? Los nefastos frutos de tal "educación" son palpables y ya se pueden percibir de forma muy clara en nuestros días.

Educación con honores

Escribió el **Rab Akiva Tatz**: "En el mundo actual, la "educación" trata de que se adquiera el conocimiento necesario para estudiar una carrera profesional y poder ganarse la vida. Graduarse "con honores" significa que el alumno ha alcanzado una alta calificación académica, pero no existe un currículum para desarrollar una buena personalidad y una buena conducta moral. Sin embargo, en el pensamiento judío, el éxito académico es secundario al crecimiento personal y al desarrollo moral".

No estudiamos sólo para desarrollar nuestro intelecto o para prosperar en nuestra carrera, sino para convertirnos en mejores personas. Desafortunadamente, es muy común encontrar gente con gran capacidad intelectual que se encuentra moralmente comprometida. En este clima intelectual, no es de sorprender que haya personas que buscan honestidad, integridad y un sentido de vida, cuyo propósito sea internamente dirigido.

El estudio de la Torá es totalmente diferente: a los niños se les entrena desde una muy temprana edad a practicar diariamente lo aprendido: en lugar de tomar la actitud de "haz lo que te digo, no lo que hago" -tan común en el pensamiento secular-, en el judaísmo el pensamiento y la acción son inseparables.

Si el progreso de un niño se mide por la ortografía y la aritmética, pero no por la formación del carácter, él se formará con la idea de que sólo eso es lo importante. Por lo tanto, la educación judía incluye una educación para toda la vida que incluye temas como la amistad o el matrimonio... en resumen, para todo, porque la Torá es todo."[10]

¿Qué es el Derej Eretz según la Torá?

Está escrito en el **Pirké Abot** (*Tratado de Nuestros Padres*): *"Yafá Torá Im Derej Eretz"* – Es buena la Torá con *Derej Eretz*...[11]

---

[10] Rab Dr. Akiva Tatz, "Anatomy of a Search" (Anatomía de una Búsqueda), páginas 35-36.
[11] Pirké Abot 2.

Explica el comentarista **Tiferet Israel** que, *"Derej Eretz"* significa "ética y humildad". Es decir, la Torá es buena con ética y humildad.

El **Midrash** también manifiesta que *"Derej Eretz"* significa: Torá con buenos actos.[12] Es decir, la Torá es buena con buenos actos.

Si no hay Torá, no hay Derej Eretz

Hay otra **Mishná** que dice: *"Im En Torá, En Derej Eretz; Im En Derej Eretz, En Torá"* – Si no hay Torá, no hay *Derej Eretz,* y si no hay *Derej Eretz,* no hay Torá".[13]

Pregunta el **Maaral de Praga**: "Siendo así, ¿cómo podemos empezar con una de las dos, ya que si no hay Torá no hay *Derej Eretz,* y si no hay *Derej Eretz,* no hay Torá?".[14]

Contesta el mismo **Maaral:**[15] "La persona debe estar "preparada" para recibir la Torá, y esto sólo lo logra con *Derej Eretz,* ya que primero necesita adquirir *Derej Eretz* -que es una categoría más baja-, y luego recibirá la categoría más alta, que es la

---

[12] Midrash Rabá 12, 15.
[13] Pirké Abot al final del Pérek 3.
[14] En su libro Dérej Jaim.
[15] Dérej Jaim página 154.

Torá. Si la persona no es propicia para recibir *Derej Eretz,* entonces no podrá ser capaz de recibir la Torá.

De estas palabras deducimos que la persona que no se "prepara" para recibir la Torá, no tendrá un verdadero *Derej Eretz* y, si después no se comporta con *Derej Eretz,* tampoco podrá recibir la Torá, y se equivocará y errará en su comprensión, ya que le falta la base de la Torá.

Por eso, en los días en que el pueblo de Israel salió de Egipto, se ocuparon de estudiar el *Derej Eretz* que la Torá nos pide, y esos 49 días antes de recibirla se fueron preparando cada vez más con santidad y pureza para ser dignos receptores de la Torá. Por lo tanto, hoy en día nos preparamos en los días de *Sefirat Haomer* y estudiamos el *Pirké Abot* para recibir la Torá y "listos" con *Derej Eretz.*

El **Jatam Sofer** tenía la costumbre de que antes de empezar su clase de *Talmud,* siempre estudiaban quince minutos el famoso libro *Jobot Halebabot* ("El Deber de los Corazones", un gran libro de ética y moral), con la finalidad de ablandar los corazones de los alumnos para que pudieran recibir bien las enseñanzas de la Torá.[16]

Conducirse con el Derej Eretz que la Torá pide

Explica **Rab Isajar Tzvi**: "El *Derej Eretz* se aplica en todo tipo de acción que haga la persona, como: trabajar, caminar, comer, acostarse, levantarse, etc.

La persona debe conducirse con el *Derej Eretz* que determina la Torá, ya que de lo contrario cada cual tomará las decisiones que ellos consideren correctas, y su pensamiento y visión estarán muy alejadas de la auténtica visión de la Torá. Como lo podemos ver hoy en día, existen diferencias entre los puntos de vista de las personas, por cuanto que cada uno piensa que está en lo correcto.

Entonces, quien se aleja del *Derej Eretz* que la Torá nos enseña, se está alejando del camino correcto y verdadero. Lo que la persona alejada de la Torá piensa que es correcto, realmente no lo es (o podría no serlo), y sólo se conduce de acuerdo a su pensamiento erróneo.

---

[16] Jut Hameshulash página 89.

"Todo aquel que se preocupa en comportarse con *Derej Eretz*, tiene asegurada una larga vida".[17]

La Torá no escribe las conductas de educación

En la Torá escrita que recibimos directamente de Dios (*Torá Shebijtab*), no están escritas textualmente las conductas y comportamientos que debemos seguir en la vida, por lo cual muchos grandes rabinos se cuestionan este tema.

Como explicamos, nuestra forma de conducirnos en este mundo nos prepara para poder recibir la Torá, aunque no se extiende tanto en explicarnos las conductas correctas, ya que, al momento de estudiarlas, ya debimos haberlas adquirido, y cuando ya estudiamos Torá, ésta misma nos perfecciona y pule aquellas conductas que la persona ya debió haber adquirido.[18]

El profesor de matemáticas no se convierte en triángulo

El **Rab Zev Leff** relata que, en una ocasión, el profesor de filosofía de una reconocida universidad fue llamado ante el comité de moral de la

[17] Menorat Hamaor página 396.
[18] Vayikrá Rabá 9.

institución debido a un hecho comprometedor con una de sus alumnas. Cuando le preguntaron cómo era posible que un profesor de filosofía que enseña moral en clase se comporte de manera tan diferente en su vida privada, éste respondió:

—¿Acaso el profesor de matemáticas se lleva a su casa el triángulo?

Para entender este gran mensaje, podemos mencionar lo sucedido en una ocasión con el famoso filósofo Aristóteles: algunos vieron que comía salvajemente y sin ninguna educación, y lo cuestionaron:

—¿Cómo es posible que un gran filósofo como tú, seas capaz de comer de manera tan salvaje y con tan poca educación?

El gran filósofo respondió:

—Para la filosofía soy Aristóteles; para la gula soy como cualquier otro animal.[19]

Vemos de aquí que la perfección humana no únicamente se logra al comportarse correctamente en lugares y situaciones específicas, sino que la

---

[19] Rab David Pinto, *Pajad David,* núm. 350, *Perashat Bo.*

naturaleza del hombre debe cambiar radicalmente.[20]

En marcado contraste, el estudio de la Torá no es una actividad "académica"; no existe división entre lo que estudiamos y lo que nos esforzamos por llevar a la práctica. El objetivo de su estudio es integrar las ideas e ideales de la Torá a nuestro corazón para lograr perfeccionar nuestra personalidad.

Por tal motivo, la Torá oral nos enseña mucho acerca de la educación.

La Torá nos enseña a poner frenos y límites

Una señora estaba comprando en un supermercado, y le dijo a su hijo pequeño cuando agarró un dulce:

—Esto no es *Kosher.*

El niño le pidió otro dulce y su madre le advirtió:

—Esto tampoco lo es.

Así ocurrió unas veces más, hasta que una señora judía que la estaba escuchando, se le acercó y le preguntó:

[20] Nota del autor.

—Disculpe, pero este producto ¡sí es *Kosher*!

A lo que esta mamá respondió:

—Te voy a explicar: en realidad no soy judía; sin embargo, siempre veo que cuando un niño le pide algo a su mamá y ella le dice que no es *Kosher,* el niño automáticamente le deja de insistir.

El mensaje es precioso: si nuestros niños aprenden a "frenarse" desde pequeños, tendrán el éxito garantizado durante toda su vida.

Una vez escuché que alguien se sorprendió al escuchar que una persona ortodoxa no debe tocar a su novia antes de llegar al matrimonio, sino hasta después de la boda (como lo marca la ley judía), y dijo:

—¡Eso es imposible! ¡Esa persona no es de este mundo!, ¿Cómo lo logró?

Si desde pequeño tu hijo sabe que no puede comer esto porque no es *Kosher,* le enseñaste de por vida a frenarse, a tener autocontrol, y cuando llegue el momento en que tenga que salir con su novia/novio, también logrará frenar sus instintos....

LA ENTREGA DE LA TORÁ

La entrega de la Torá[21]

Está escrito en la Torá:[22] *"Hashamá Am Kol Elokim Medaber Mitoj Haesh, Kaasher Shamata Áta Vayejí"* – ¿Acaso otro pueblo escuchó la voz de Dios hablando en medio del fuego, como tú la escuchaste y la viviste?

En este contexto, es sorprendente que un ser humano sea capaz de escuchar directamente la voz de Dios, dado que sólo los profetas tenían el don de escucharla, dado que tenían alguna relación directa con el Creador del Universo.

La respuesta a la pregunta anterior es la siguiente: "Al recibir la Torá, los *yehudim* ascendieron a una categoría tan alta, que llegaron al grado de profetas, tal y como está escrito: *"Raatá Shifjá Al Hayam, Masheló Raá Yehezkel Ben Buzí Hacohén"* – Vio una esclava sobre el mar más de lo que vio el Profeta Yehezkel Ben Buzí.

---

[21] Leb Elihau Perashat Itro.

[22] Debarim 4, 33.

Aunque sabemos que los *yehudim* descendieron tanto de categoría durante la esclavitud en Egipto, incluso con una impureza de 49 grados (lo máximo eran 50), entonces debemos preguntarnos: ¿Qué mérito tuvo el pueblo hebreo para recibir la Torá? Y la misma Torá responde: *"Vaesá Etjém Al Kanfé Nesharím Vaabí Etjém Elai"* – Yo los porté sobre las alas del águila y los traje a Mí.[23]

Por lo tanto, debemos entender: ¿Cuál fue el mérito del pueblo de Israel para tener esa categoría tan grande, que Dios nos elevó tanto, y nos cargó para tener tanta santidad al grado de verlo directamente?

Es conocida la historia del momento de la entrega de la Torá, y la vamos a contar:

Cuando Dios iba a entregar la Torá, primero se la ofreció al pueblo de Esav, y les preguntó si querían recibirla, a lo que ellos le preguntaron a Dios:

—¿Qué está escrito en ella?

Y Dios les contestó:

—*"Lo Tirtzaj"* – No matarás.

---

[23] Shemot 19, 4.

El pueblo de Esav no la aceptó, ya que era algo que no podían dejar de hacer.

Después se dirigió al pueblo de Amón y Moab, y de la misma manera les ofreció la Torá, y ellos le hicieron la misma pregunta:

—¿Qué está escrito ahí?

Y Dios les contestó:

—*"Lo Tinaf"* – No cometerás adulterio.

Y el pueblo de Amón y Moab tampoco la aceptaron.

Después fue con el pueblo de Ishmael y tampoco la recibió, ya que preguntaron:

—¿Qué es lo que está escrito ahí?

Y Dios les contestó:

—*"Lo Tignob"* – No robarán.

Preguntan nuestros *Jajamim*: "¿Por qué precisamente Dios les preguntó sobre aquello a lo que no podían resistirse e iban a seguir haciendo? ¡Era más fácil que les hubiera dicho que estaba escrito ´Cuidarás Shabat´, o ´Respetarás a tu padre y a tu madre...´ y seguramente sí la hubieran aceptado!".

Dado que todos esos pueblos examinaron qué era lo que estaba escrito en la Torá, cuestionando la bondad de Dios, Él no quiso dárselas, ya que todo lo que Dios nos manda es bueno, y ¿quiénes somos nosotros para preguntarle a Dios qué es lo que nos quiere regalar? Por supuesto que todo lo que nos manda es para nuestro bien.

Por ello, Dios nos dio la Torá a nosotros, ya que inmediatamente después de que nos la ofreció dijimos: *"Kol Asher Diber Hashem, Naasé"* – *Todo lo que nos diga Dios, haremos.*

Este es el punto que queremos exponer: Los *yehudim* llegaron a una categoría tan alta cuando le demostraron a Dios que estaban dispuestos a hacer "todo" lo que les pidiera, como dice el versículo: "Dios nos alzó y nos cargó con Él, ya que tuvimos una confianza ciega en lo que nos iba a regalar".

Esta es la receta para que Dios esté con nosotros en cualquier momento: "La confianza en Él nos motiva a saber que todo lo que nos manda, es bueno para nosotros".

La pregunta que todos debemos hacernos es: ¿Cómo podemos llegar a esta gran categoría?

¡Todos queremos que Dios nos alce, nos cargue y nos eleve!

La solución y la clave se encuentran en la Torá:

1. *Vayar Israel Et Hayad Haguedolá* – Y vio el pueblo de Israel la Mano fuerte de Dios.
2. *Vayireú Aam Et Hashem* – Y temió el pueblo de Israel a Dios.
3. *Yayaamínu BaHashem UbMoshé Abdó* – Y creyeron en Dios y en Su siervo, Moshé.

Analicemos el orden de estos versículos para entender cómo llegó el pueblo de Israel a esta categoría:

Primero, los israelitas vieron todos los milagros y la Mano fuerte de Dios cuando los sacó de Egipto. Después de ver las diez plagas, la partida del mar y la caída del *Maná* que caía del Cielo mientras deambulaban por el desierto, era imposible no darse cuenta de que Dios siempre dirige el mundo y Su Mano es muy fuerte.

Después de esto, el pueblo de Israel temió de la grandeza de Dios, ya que existen dos tipos de temor: *"Irá Jitzoná"*, que es el temor que se tiene por los castigos y sanciones que puedan tocarnos, ya sea en este mundo o en el Mundo Venidero, y existe una segunda categoría, que es: "*Irat Haromemut*", que sólo al ver la grandeza de Dios, automáticamente debemos temerle por Su honor. El pueblo de Israel llegó a la segunda categoría, que es *Irat Haromemut* - "temor a Dios", ya que vieron Su grandeza temieron debido a ella.

Después de esta categoría, los hebreos llegaron al máximo nivel, que es confiar ciegamente en Dios y en todo lo que Él nos manda.

Ahora ya podemos entender por qué el pueblo de Israel tuvo el mérito de recibir la Torá, ya que llegaron al punto máximo de confianza en Dios. No sólo vieron los milagros y aceptaron Su Mano fuerte, y no sólo aceptaron Su grandeza y le temieron por Su honor, sino que llegaron a un nivel muy elevado al confiar en Dios, al grado de que, al recibirla, dijeron: "*Kol Asher Diber Hashem, Naasé*" – Todo lo que nos diga Dios, lo haremos.

En este contexto, está escrito que únicamente le dieron la Torá a quienes comían el *Maná*: "*Lo Nitná Torá, Ela Leojlé Haman*". La explicación es que, dado que el *Maná* simboliza la confianza en Dios y la dependencia total en Él (porque los alimentaba cada día), sólo quienes tienen plena confianza en Dios, tienen el mérito para recibir la Torá. Vemos de aquí que para recibir la Torá es necesario confiar plenamente en Dios.

Yo soy Dios, que te saqué de la tierra de Egipto…

Podemos rectificar esta idea según lo que pregunta el gran comentarista **Eben Ezra** sobre el el versículo: *"Anojí Hashem Elokeja, Asher Hotzetija Meeretz Mitzráim Mibet Abadim"* – Yo soy Dios, tu Dios, que te saqué de la tierra de Egipto, de casa de esclavos.[24]

¿Por qué dice: *"Yo soy Dios, tu Dios, que te saqué de la tierra de Egipto"*, y no dice: *"Yo soy Dios, tu Dios, que creé el Cielo y la Tierra"*? Seguramente fue más milagroso crear el Cielo y la Tierra, que sacar al pueblo de Israel de Egipto.

Contestan nuestros *Jajamim* que hace falta ser tonto para pensar que el mundo, el Cielo, la Tierra, y todo lo que hay en ellos, haya sido creado por una explosión o por algún ser humano y no por algún Ser Supremo como lo es Dios. En otras

[24] Shemot 20, 2.

palabras, no hay necesidad de escribir textualmente que Dios creó el mundo, pues es algo lógico.

La Torá nos quiere enseñar al escribir: *"Yo soy Dios, tu Dios, que te saqué de la tierra de Egipto"*, que Él está con nosotros a cada momento y se preocupa de nuestra situación a cada instante. La prueba más grande es la salida de Egipto, donde el pueblo de Israel fue testigo de todos los milagros impresionantes que Dios les hizo.

"La Torá no fue entregada a la humanidad para ningún propósito distinto que refinar a las personas"

(Bereshit Rabá 44:1)

La sabiduría de la Torá

El estudio de la Torá no rechaza otras áreas de sabiduría, sino que, por el contrario, muchas de ellas se encuentran en la Torá. Ésta contiene información sobre todo lo existente en el Universo y, en consecuencia, quien domina toda la Torá posee conocimiento sobre muchas otras áreas de sabiduría.

En la Torá se encuentran todas las respuestas

Rab Eljanán Wasserman, alumno predilecto del **Jafetz Jaim,** solía repetir las palabras de su Rab, quien decía:

"Toda persona tiene momentos en su vida donde debe tomar decisiones importantes y no sabe cómo dirigirse a Dios en temas económicos, sociales, familiares, etc., y esa incertidumbre de cómo decidir lo pone nervioso y lo preocupa, al grado de que mucha gente se deprime y no sabe cómo tomar una decisión correcta".

Sobre esto, dice el **Jafetz Jaim**: *"Tenemos la Torá, donde están incluidas todas las respuestas a cualquier pregunta y de cualquier tipo".*

Debemos saber que la Torá no sólo es un libro de *mitzvot* y ordenanzas de qué hacer y qué no hacer, sino que es un libro lleno de consejos, lecciones de vida y enseñanzas para saber cómo vivir y qué decisiones tomar ante cada una de nuestras incertidumbres y dudas.

La Torá es eterna y es la que nos da consejos

Todos entendemos que Dios es Eterno y Supremo, y que no existe error o falla en Él.

Dios nos entregó la Torá directamente escrita por Él como una guía de vida, para que con ella podamos encontrar soluciones a todo lo que se nos ofrezca.

- Imaginemos que el mejor doctor nos ofrece un libro para todas las curaciones.
- Imaginemos que el mejor psicólogo nos ofrece un libro con los mejores consejos para la vida.
- Imaginemos que el mejor consejero nos ofrece un libro con los mejores consejos para aplicar en nuestra vida.
- Imaginemos que el mejor comerciante nos ofrece un libro con los mejores consejos de negocios.

Seguramente tomaremos los consejos de todos estos expertos porque sabemos que se han dedicado a analizar todos los temas profundamente, y lograron publicar libros sobre sus especialidades.

Dios nos entregó un libro donde se abarcan todos esos temas, aunque con algunas diferencias:

- No tiene errores ni fallas, ya que es un Libro Eterno.
- La Torá aplica a cualquier época de la historia.
- La Torá da consejos para todo tipo de personas, desde los más pobres, hasta los más ricos; desde los más ignorantes, hasta los más sabios; desde edad temprana hasta edad avanzada.

¡Aprovechemos este regalo tan preciado que Dios nos dio!

Sin los judíos, el mundo hubiera sido un lugar diferente

El famoso historiador, escritor y periodista británico católico, **Paul Johnson**, escribió en su libro *La Historia de los Judíos*:

"Ciertamente, sin los judíos, el mundo habría sido un lugar radicalmente diferente. La humanidad habría tropezado en algún momento con las opiniones judías, pero no podemos estar seguros de ello. Todos los grandes descubrimientos conceptuales del intelecto humano parecen obvios e inevitables una vez que han sido revelados, aunque se requiere de un ingenio especial para formularlos por vez primera. Los judíos poseían este don. A ellos les debemos las ideas de:

- Igualdad ante la ley, tanto humana como Divina.
- Santidad de la vida y la dignidad humana.
- Conciencia individual y la redención personal.
- Conciencia colectiva y, en consecuencia, responsabilidad social.
- Paz, como un ideal abstracto, y amor, como el fundamento de la justicia.
- Y muchos otros temas que constituyen el mobiliario moral básico de la mente humana.

Sin los judíos, éste sería un lugar mucho más vacío".

Todo está escrito en la Torá

Dice el **Pirké Abot** que sólo analizando a profundidad la Torá, podemos llegar a conocer todas las ciencias del mundo.

Está escrito: *"**Ben Bag Bag**, Omer: Afoj Ba, Veafoj Ba, Dekula Ba"* - Ben Bag Bag (un gran Sabio Rabino) dice: "Profundiza en la Torá y sigue profundizando en ella, ya que todo se encuentra en ella (en la Torá)."[25]

Esto quiere decirnos que únicamente profundizando en las palabras de la Torá y penetrando en sus enseñanzas, podemos ser conocedores de todas las ciencias del mundo.

Explica el **Maharal de Praga**:[26] ¿Qué significa: *"ya que todo se encuentra en ella (en la Torá)"*?, ¿Cómo es que la Torá contiene todo?

Esta idea está insinuada en el **Midrash**:[27] "Antes de que Dios creara el mundo, la Torá ya existía. Entonces, Dios observó la Torá (como el plano del mundo) y comenzó Su Creación".

---

[25] *Pirké Abot* 5:22.

[26] En su libro Derej Hajaim.

[27] Bereshit Rabá 1.

Dios creó el mundo de acuerdo al orden de la Torá, de tal manera que todo lo que sucede, sigue ese orden. Este es el significado del *Midrash* que dice: "Dios miró la Torá y creó el mundo, y el orden del mundo sigue el orden de la Torá".

Este es el significado de la *Mishná*: "Busca en la Torá, ya que todo se encuentra en ella", insinuando que cuando profundizamos en la Torá, podemos entender todo el Universo, puesto que todo lo que ocurre en él tiene su fuente en la Torá. Es decir, todo viene de la Torá, que es el manifiesto para la humanidad.

El 22% de Premios Nóbel son de judíos

En el año 2013, el Premio Nóbel fue concedido a 846 personas, de las cuales unas 194 eran judías, es decir, un 23% del total de los premiados -aunque éstos comprenden menos del 0,2% de la población mundial. Del total de los galardonados, los judíos comprenden el 26% de los Premios Nóbel de Física, 27% de Fisiología o Medicina, el 41% de Economía, el 20% de Química, el 12% de Literatura, y el 9% de los premiados de Paz.

Por otro lado, la cantidad de musulmanes que recibieron el Premio Nóbel fue de sólo ocho, siendo que hay un total de 1.2 billones musulmanes en todo el mundo. Si los musulmanes generaran el mismo porcentaje de Premios Nóbel que los judíos, entonces habría 11 mil Premios Nóbel entre los árabes.

Los rabinos y expertos tratan de descifrar qué es lo que hace a los judíos tan buenos en la ciencia, a lo que surgieron dos teorías:

1. Una, los judíos tienen extraordinarios genes. **Charles Murray**, del *Instituto Enterprise* y coautor de "The Bell Curve", analizó esta teoría hace unos años en un ensayo llamado: "Genios Judíos," explicando que algo en los genes causa los elevados IQ de los judíos.
2. Otra teoría es que los judíos adoran consultar libros, como le dijo el experto en economía **Robert Aumann** a la estación de radio del ejército israelí *Galei Tzahal:* "Las casas judías tienen estanterías repletas de libros. Le hemos dado un gran honor a la lectura en cada generación".

El Rambam salvó a un hombre por los conocimientos del *Talmud*

Podemos ver que nuestros grandes *Jajamim* no sólo eran expertos en temas de la Torá, sino conocedores de muchos otros temas en general. Eran especialistas en astrología, medicina, ciencia, matemáticas, etcétera.

El mejor ejemplo es el **Rambam**, también conocido como **Maimónides**, quien fue uno de los médicos más sobresalientes de su época, por lo que sus tratados sobre medicina se consideraban la cumbre de la ciencia médica de entonces.

Entre sus más importantes obras sobre medicina, se encuentran tratados sobre hemorroides, asma, drogas mortíferas, ataques histéricos y otros. Sus libros han sido traducidos a varios idiomas, como: latín, alemán, francés, hebreo y otros.

En una ocasión, el Rambam salvó de la muerte a uno de los hombres más ricos de Fez, una de las grandes capitales del mundo antiguo, dado que ni siquiera el doctor más importante de la ciudad pudo hacer.

Se trataba de una operación muy complicada: un gusano había penetrado en el cerebro del hombre rico y, cuando el doctor abrió su cabeza, se sintió impotente, ya que extraer al parásito tendría como consecuencia la muerte del paciente.

El Rambam recordó una **Guemará** en la cual se menciona que, para retirar a un gusano del cerebro, debe utilizarse una planta fresca del campo, a fin de que el gusano perciba su olor, y se retire voluntariamente.

Dicho y hecho… el Rambam usó esa planta y el gusano se retiró por sí solo. El paciente continuó con vida debido a la sabiduría del Rambam.

El Jazón Ish también sabía medicina

El **Jazón Ish** (1878 – 1953), fue experto en el área de la medicina y se especializó en enfermedades de la columna vertebral.

En una ocasión, el **doctor Najman Prei**, uno de los médicos más famosos de Israel, habló durante más de dos horas con el Jazón Ish sobre un tema delicado referente a la columna vertebral. El reconocido médico imaginó que el Jazón Ish era un hombre experto en medicina, pero no estaba enterado de que el Sabio había adquirido su sabiduría de la Torá.[28]

¿Cómo sabe más sobre neurocirugía que yo?

Quien estudia Torá, merece recibir "mucho" conocimiento. Además del intelecto y de la personalidad, el estudio profundo ofrece conocimientos sobre el Universo, que es la réplica de la Torá.

¿Qué clase de conocimientos? Escribe **Rab Akiva Katz**: "Nombraré tan sólo un ejemplo del campo de la medicina, aunque en mi ejercicio como médico he experimentado varias veces este fenómeno tan asombroso después de estar en contacto con los grandes *Jajamim*".

El gran **Jazón Ish** era famoso por sus conocimientos en asuntos médicos, aunque no había aplicado estudios formales en medicina. En un conocido caso, una madre llevó a su hijo con el Sabio, ya que al niño le habían diagnosticado un tumor cerebral maligno. Los médicos decidieron operarlo a pesar de que el intento era peligroso,

---

[28] *Mishel Abot*, *Jélek* 4, página 235.

pues parecía casi imposible llegar de manera segura al tumor.

El Jazón Ish bendijo al pequeño y le dijo a la madre que todo saldría bien, mientras le mostraba un diagrama dibujado por él mismo para que fuera entregado al neurocirujano, en el cual indicaba la forma de llegar hasta al tumor con una técnica quirúrgica.

Actualmente, a la mayoría de los médicos -incluyendo a los cirujanos-, no les gusta que les digan qué hacer, especialmente a los rabinos. Sin embargo, la madre hizo como el Jazón Ish le dijo, y le entregó el diagrama al neurocirujano. Cuando éste lo miró, enseguida admitió que esa era la única posibilidad para lograr una operación exitosa, así que el tumor fue extraído y el niño se recuperó.

Posteriormente, el cirujano le comentó a un amigo de uno de mis maestros lo siguiente: "Entiendo que el Jazón Ish sepa más Torá que yo, pero ¿cómo sabe más sobre neurocirugía?".[29]

A continuación, el diagrama del Jazón Ish:

---

[29] Rab Dr. Akiva Katz, "Anatomy of a Search" (Anatomía de una Búsqueda), páginas 38-39

רבי אברהם ישעיהו קרליץ זצ"ל

בעל ה"חזון איש"

מכתב ושרטוט בענין ניתוח המוח ופיקו"נ

מכתב זה נכתב כנראה לפרופ' ה. אשכנזי מנתח מוח בעל שם עולמי, ובו החזו"א מורה לו את הדרך לניתוח מסובך במוח, אשר היה אמור לערוך. וראה הסיפור בפרוטרוט ב"פאר הדור" לתולדות החזו"א ח"ד עמ' קלח.

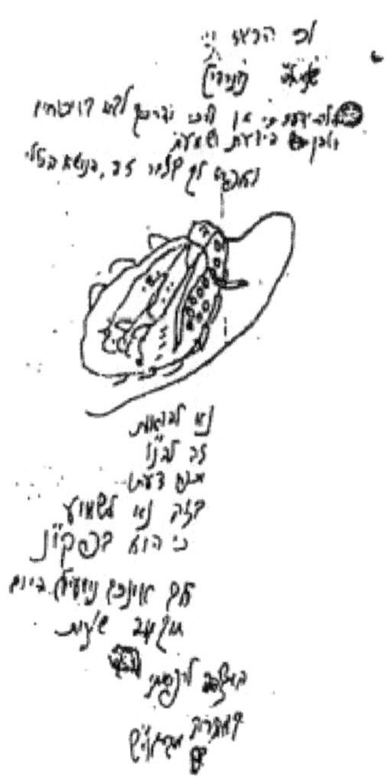

נוסח המכתב: לכבוד --- שליט"א [לנרדי].

הלא ידעת כי אין דרכי הוא דרכך לבוא בוויכוחים ולכן הידעת ושמעת. ואפרש לך בציור זה הנושא הכללי.

נא להראות זה להנ"ל וכפי דעתו בזה נא לשמוע כי הוא בפיקו"נ אם אינכם נוסעים היום תוך 24 שעות.

המצפה לרפואתו במהרה אי"ש

Hasta el Pi está escrito en la Torá

Está escrito en el **Talmud**[30]: *"Leiká Midí, Delá Ramizá Beoráita" - No hay nada que no esté insinuado en la Torá*. Es decir, todo está descrito en ella.

Por ejemplo, el famoso número *Pi*, la relación entre la longitud de una circunferencia y su diámetro, 3.1416, que desde hace dos mil años el *Talmud* ya conocía a la perfección.[31]

Lo que hemos comentado en cuanto a que todo está escrito en la Torá, y que todas las ciencias se aprenden de ella, no se refiere sólo a temas complicados, sino a también conocimientos sobre la vida cotidiana: cómo hacer negocios, la educación de los hijos, la paz conyugal, etcétera.

Cómo invertir nuestro dinero

El Talmud también nos habla, por ejemplo, de cómo invertir nuestro dinero:[32]

Dijo **Rab Itzjak**: *"Que la persona divida su dinero en tres partes: un tercio para invertir en campos, otro tercio en mercancía, y el otro tercio que lo tenga en efectivo"*.

---

[30] *Taanit* 9a.

[31] Ver *Sucá* 8a y 8b. y *Tosafot*.

[32] *Babá Metzía* 42a.

La Torá nos enseña, incluso, sobre las hierbas

Se cuenta sobre **Rab Israel Zeeb Gustman,** que cuando era joven, lo mandó llamar **Rab Jaim Ozer Grodzinsky** y fueron a pasear a su amplio jardín.

Rab Jaim Ozer comenzó a enseñarle cada hierba, cada flor, cada tipo de pasto, etc., y le revelaba los beneficios o daños que cada una causaba: "¡Esta hierba da mucha energía; este tipo de flor es muy dañina; este pasto refuerza el cuerpo, etc.".

Así estuvieron durante una hora entera. Por supuesto que Rab Israel Gustman no entendía para qué le enseñaba en detalle todo eso, y aunque comprendió los mensajes, se quedó con la duda del porqué Rab Jaim Ozer le había dado tanta información acerca de los árboles y flores.

Después de unos años, durante el Holocausto, Rab Gustman escapó a un bosque de Europa, y fue cuando comprendió por qué Rab Jaim Ozer le había enseñado los beneficios de cada tipo de planta y hierba: ¡para poder salvar su vida!, ya que todos esos años como prisionero del Holocausto, pudo alimentarse con hierbas y plantas gracias a las enseñanzas de Rab Jaim Ozer.

LA TORÁ ES NUESTRA

Seguramente pensamos que la Torá es propiedad de Dios y sólo Él puede mandar en ella. Vamos a explicar que Él nos entregó la Torá y, por lo tanto, nos corresponde a nosotros cuidarla.

La Torá es para nosotros; Dios nos la dio…

Si pudiéramos elegir algún versículo con el cual terminara la Torá, seguramente elegiríamos aquel que traiga alguna gran enseñanza para las próximas generaciones, o algún mensaje para nuestros hijos, o algún relato interesante en la vida de todo el pueblo de Israel.

Sin embargo, Dios decidió que el último versículo de la Torá fuera el siguiente: *"Uljol "Hayad Hajazaká Uljol Hamorá Hagadol Asher Asá Moshé Leéne Kol Israel"* – Y esa Mano fuerte, y todos esos hechos temibles e impresionantes fue lo que hizo Moshé frente a todo el pueblo de Israel.[33]

Explica el famoso comentarista **Rashí,** que ese versículo se refiere a la fuerza y furia que tuvo

[33] Debarim 34, 12.

Moshé al romper las *"Lujot"* –las Tablas de la Ley-, teniendo como testigos a todo el pueblo de Israel. Y aumenta Rashí que Dios estuvo de acuerdo con la actitud de Moshé, al grado de que incluso lo felicitó, diciéndole: *"Ysher Kojajá"*.[34]

Cabe preguntarnos: ¿Qué tiene de especial este versículo para que fuera el último de la Torá? ¿Acaso no debería evadirse, ya que el hecho de que Moshé haya roto las Tablas era un acto vergonzoso? Y, además, ¿Dios felicita a Moshé por esa actitud tan violenta?

Dicen nuestros *Jajamim*: "Moshé Rabenu sintió que la Torá le pertenecía a él, tal y como está escrito unos versículos anteriores: *"Lo Bashamáim Hí"* – (la Torá) no se encuentra en el Cielo[35] y Moshé Rabenu, fue capaz de actuar impulsivamente frente a todo el pueblo de Israel por el simple hecho de que la Torá ya le pertenecía a él, y no iba a permitir que el pueblo hiciera idolatría con el becerro de oro. Moshé Rabenu se sintió dueño de la Torá y, por eso, Dios lo felicitó".

---

[34] Shemot 34, 1.
[35] Debarim 30, 12.

Escribe el **Rambam**: "La Torá no puede cambiar. Si llegara a aparecer un profeta que diga que Dios lo mandó para quitar o agregar alguna *mitzvá* de la Torá, será considerado como un profeta falso y mentiroso, ya que la Torá no se encuentra en el Cielo".

De hecho, ni siquiera Dios mismo es dueño de la Torá, como está escrito: *"Lo Bashámaim Hí"* – (la Torá) no se encuentra en el Cielo.[36]

La grandeza de Moshé fue conducirse con la verdad a través de esa fuerza y sintiéndose dueño de la Torá que Dios le entregó.

Al ver que el pueblo de Israel estaba cometiendo un acto de idolatría, Moshé -como dueño de la Torá en ese momento-, no permitió faltas de respeto a "su" Torá, ya que "sólo el dueño de algo (en este caso, de la Torá), es capaz de romper ese "algo" (la Torá)".

Y es por ello que Dios lo felicitó, por cuanto que Moshé había adquirido ese regalo tan preciado, que es la Torá.

---

[36] Debarim 30, 12.

La discusión entre Moshé Rabenu y los ángeles

El Talmud relata la siguiente historia:[37] Cuando Moshé ascendió a los Cielos para recibir la Torá, los ángeles le dijeron a Dios:

—¿Qué hace un simple mortal entre nosotros?

Dios respondió:

—Va a recibir la Torá.

Los ángeles contrarrestaron:

—Este tesoro escondido y tan sagrado, ¿se lo quieres dar a una persona de carne y hueso? ¿Por qué merecen los humanos más que nosotros? ¡Danos a nosotros Tu Gloria en los Cielos! -rogaron.

Dios ordenó a Moshé responder a los ángeles, y éste pronunció:

—Dueño del Universo, ¿qué es lo que está escrito en esta Torá que Tú nos quieres dar?

—"Yo soy Dios, tu Dios, que te sacó de la tierra de Egipto"

---

[37] Maséjet Shabat 88b.

—¿Alguna vez los ángeles fueron a Egipto? –preguntó Moshé a los ángeles-. ¿Acaso ustedes fueron esclavos del Faraón, o vivieron entre las naciones que sirven ídolos? ¿Trabajan, hacen negocios, tienen padres, tienen una inclinación del mal?

Inmediatamente Dios aceptó la posición de Moshé y la discusión finalizó.

La respuesta que dio Moshé a los ángeles fue que el lugar de la Torá debe ser recibida para pertenecer a un receptor físico que viva con los retos del mundo material, además de que puede cumplir con las *mitzvot* físicas.

El **Rebe de Lubavitch** explica que el propósito de la Torá es crear un hogar para Dios en este mundo, el más bajo de todos los mundos creados. Y así como la esencia de la persona está en su casa, mucho más que en cualquier otro lugar, así también Dios quería que Su esencia bajara a este mundo para convertirlo en "Su casa".

Este deseo Divino sólo puede ponerse en práctica al cumplir con la Torá en este mundo. Cuando cumplimos con los preceptos de Dios y estudiamos Su Torá con nuestra mente y con nuestro cuerpo físico, estamos trayendo –literalmente- la esencia de Dios a este plano del mundo, algo que un ángel es incapaz de hacer.

La Torá es nuestra

Nos cuenta el *Talmud* una historia relacionada con la impureza de los utensilios (*Tanur Ajnaí*), y la historia es así[38]:

Había una discusión sobre si un horno se consideraba impuro o no: **Rabí Eliézer**, que sostenía que el horno era puro, respondió a todas las preguntas hechas en su contra, pero sin embargo los demás *Jajamim* no lo aceptaron, hasta que él les dijo:

—Si yo tengo razón, que este árbol de algarrobos lo demuestre.

En ese momento, el árbol de algarrobos se arrancó de su lugar, y se elevó casi 50 metros, y aún hay unos que opinan que fueron como 200 metros.

Le dijeron a Rabí Eliézer que lo sucedido con el árbol de algarrobos no era una prueba a su favor.

---

[38] Babá Metziá 59b.

Les dijo nuevamente Rabí Eliézer:

—Si yo tengo razón, que el canal de agua lo demuestre.

En ese momento, el agua corrió en sentido contrario a la corriente.

Le dijeron a Rabí Eliézer que lo sucedido con el agua tampoco era una prueba a su favor.

Les dijo Rabí Eliézer:

—Si yo tengo razón, que las paredes de la Sinagoga lo demuestren.

De pronto, las paredes de la sinagoga comenzaron a inclinarse, al punto de que casi se caen. En ese momento, **Rabí Yeoshúa** se enojó y las paredes no se cayeron (por respeto a Rabí Yeoshúa), aunque tampoco se enderezaron (por respeto a Rabí Eliézer).

Les volvió a repetir Rabí Eliézer:

—Si yo tengo razón, que del Cielo lo demuestren.

En ese momento, salió una voz del Cielo que decía que Rabí Eliézer tenía razón.

Se levantó **Rabí Yeoshúa** y dijo:

—Está escrito en la Torá: *"Lo Bashamaim Hí"* – (la Torá) no se encuentra en el Cielo,[39] y tampoco consideramos a esta voz como una prueba para Rabí Eliézer.

Dijo **Rabí Irmiyá**: "Por cuanto que la Torá ya nos fue dada en el Monté de Sinaí, no nos apoyamos en las voces del Cielo, ya que la Torá dice que las decisiones se toman en este mundo".

Se encontró **Rabí Natán** a **Eliahu Hanabí** y le preguntó: "¿Qué hizo Dios al momento de la discusión entre Rabí Eliézer Hagadol y Rabí Yeoshúa?"

Le contestó Eliahu Hanabí:

—Dios se río y dijo: "Me ganaron, hijos... me ganaron".

Cabe preguntarnos: Por lo general, alguien que gana es la persona que ríe, pero en este caso fue al revés: Dios dijo que le ganaron Sus hijos, y de todos modos se río. La alegría de Dios se debió al hecho de que **Rabí Yeoshúa** dijo que la Torá no está en el Cielo, sino que ya nos fue entregada, y los *Jajamim* tienen la fuerza para cargar con la Torá.

---

[39] Debarim 30, 12.

Dios quiere que sintamos como nuestra a la Torá y la defendamos con toda nuestra alma, y es por ello felicitó a Moshé Rabenu, quien se sentía dueño de la Torá.[40]

Birkat Hatorá

Una prueba de que la Torá es nuestra, es la bendición que decimos antes de estudiarla o al leer el Sefer Torá.

Los *Jajamim* implantaron la bendición "Baruj Atá... *Asher Natán Lanu Et Torató*" – Bendito Dios... Que nos dio a nosotros Su Torá.

Esta bendición dice claramente que la Torá es nuestra; que Dios nos la entregó a cada uno de nosotros.

¿Quién puede ser dueño de la Torá?

El *Talmud*[41] trae varias definiciones de lo que escribe la Torá: "*Lo Bashamáim Hí*" – (la Torá) no se encuentra en el Cielo", por lo cual vamos a analizar una de ellas:

---

[40] Sijot Musar - Or Hahar Jelek 2 Simjá Torá.
[41] Erubin 55a.

Dijo *Rabí Yojanán*: "*La Torá no se encuentra en el Cielo,* ni tampoco con los zapateros, ni con los comerciantes".

Explican los *Jajamim* que la Torá no la puede adquirir la persona que dedica su vida al comercio y al trabajo. Es decir, que aquel que no siente que vive para el estudio de la Torá y para el cumplimiento de las *mitzvot,* no es propicio para recibir la Torá. Sin embargo, alguien que vive y se esfuerza toda su vida para acercarse y apegarse a Dios, sí es propicio para recibirla y, aunque dedique gran parte de su día y de su vida al trabajo y al comercio, su objetivo es vivir un día más para estudiarla en la noche y llegar a ser una mejor persona, cuya intención sea acercarse más a Dios, y se considere a él mismo como dueño de la Torá. Entonces sí será propicio para recibirla.

El tren correcto

Cuenta el **Jafetz Jaim** una parábola:

Dos amigos que estudiaban juntos en la escuela; uno de ellos abandonó sus estudios para irse a trabajar y se convirtió en un importante profesor de la ciudad, pero se alejó mucho de la Torá. El otro amigo continuó en el camino de la Torá, y tuvo el mérito de convertirse en el rabino de la ciudad.

Después de varios años, ambos amigos se encontraron de nuevo. El profesor le dijo al rabino:

— ¡No te entiendo! Si fueras tan inteligente y sabio como yo, y te hubieras salido a trabajar, hubieras sido un comerciante muy importante, y no estarías ganando un miserable sueldo.

Le contestó el rabino:

— Te voy a contar algo: Una persona tenía que regresar a su casa, y la única manera para hacerlo era en un viejo tren. Antes de abordarlo, un hombre se le acercó y le dijo que estaban por estrenar un tren de primera categoría, muy lujoso y con todas las comodidades por el mismo precio de un viaje en el viejo tren. Por lo tanto, lo invitó a subir a él.

El amigo se acercó al suntuoso tren, y pudo darse cuenta de que la ruta que cubría era muy interesante, pero iba en sentido opuesto a su casa. Si subía, se hubiera alejado más de lo que ya estaba. La pregunta es: ¿de qué le hubiera servido subirse a ese lujoso tren, si éste lo alejaba de su objetivo?

Dice el **Jafetz Jaim**: Muchas veces preferimos "viajar en el tren más elegante", el nuevo, el de primera categoría... pero tal vez nos aleja de nuestro objetivo en la vida.

Le dijo el rabino al profesor:

—Tú estás viajando en este lujoso tren, pero es el equivocado. Cuando llegues al final de tu vida, te darás cuenta de que acabaste más alejado de lo que ya estabas hace varios años.[42]

Nuestra tarea y misión de todos los días es llevarnos con nosotros esa filosofía, y adquirir la Torá como lo hizo Moshé Rabenu. Debemos sentirnos dueños de la Torá y ganarla esforzándonos en su estudio y en el cumplimiento de las *mitzvot*.

"La Torá no es un libro de historia. Es Torát Jaim (instrucciones para vivir). Es el manual de Dios sobre como alcanzar nuestro potencial y obtener lo mejor de la vida"

---

[42] Gulión Mejudaim Bepija 102 Jol Hamoed Sucot 5771

LA DULZURA DE LA TORÁ

Mucha gente podría pensar que la Torá es una carga y que: "Tenemos la obligación de cumplirla, con o sin gusto", pero después de analizar su significado, nos daremos cuenta de que la Torá es muy dulce, y aunque realmente sí tenemos la obligación de cumplirla, podemos hacerlo con mucho amor, cariño y gusto.

Yo tengo más satisfacción que tú en este mundo

En una ocasión, el famoso **Moshe Raijman** fue a Bené Berak, Israel, para entrevistarse con el rabino más grande de la generación, **Rab Elazar Menajem Man Shaj**, más conocido como *Rab Shaj*.

El objetivo de la entrevista era para que el millonario canadiense le diera a Rab Shaj cien millones de dólares como donativo, con la finalidad de que se reparta entre varias *Yeshivot*. ¡Esta noticia era un gran alivio para la golpeada economía de las *Yeshivot*!

Al concluir la entrevista, Moshe Raijman preguntó a Rab Shaj:

— Con todo respeto, Rab. ¿Quién tendrá mayor recompensa en el Mundo Venidero, usted o yo, que apoyo tanto el estudio de la Torá?

Rab Shaj respondió:

—*Olam Habá* (Mundo Venidero), no sé, pero en el *Olam Hazé* (mundo presente) obtengo mucho más por dedicarme al estudio de la Torá, y no existe mayor satisfacción en el mundo, que el estudio y el cumplimiento de las *mitzvot*.

Por medio del estudio de la Torá, Rab Shaj vivía sintiendo la dulzura y la satisfacción más grande en este mundo.

Si no tiene Yétzer Hatob, ¿por qué estudia Torá?

En el *Bar Mitzvá* de su nieto, **Rab Yaacob Galinsky** contó el siguiente suceso:

Durante el *Bar Mitzvá* de uno de los nietos de **Rab Yaacob Kaminetzky**, toda la familia disfrutaba de la comida que se había preparado en honor al joven. Su abuelo, Rab Yaacob Kaminetzky, interrumpió la comida para hacer una pregunta a los invitados:

—Está escrito que un niño no tiene *yétzer hatob* (instinto del bien) sino hasta que cumple 13 años de edad, y si es así, ¿cómo mi nieto se sabe los Tratados del *Talmud* de *Babá Kamá, Babá Metziá, Babá Batrá* y *Sanhedrín,* si no tiene *yétzer hatob*?".

Después de hacer la pregunta, el Rab se sentó y no respondió a su propia pegunta. Todos los asistentes estaban en espera de la respuesta, pero el Rab no la respondía.

Después de cuatro minutos, el Rab volvió a hacer otra pregunta a los presentes:

—Si un maestro llegara a una clase de niños de 6 o 7 años, y les preguntara a sus alumnos: "¿Quién quiere chocolate?" Seguramente todos los niños querrían el chocolate.

La pregunta es: ¿Por qué querían el chocolate? Y la respuesta es: por cuanto que el chocolate es dulce y delicioso, seguramente a todos los niños les gustará, y no hay que convencer a ninguno de ellos para que desee algo dulce y sabroso."

Continuó diciendo el Rab:

—Así como el chocolate es dulce, y no es necesario tener un instinto bueno para disfrutarlo, lo mismo sucede con la Torá: no es necesario tener *yétzer hatob* para estudiarla, ya que es dulce y es lógico que, a cualquier niño, joven o adulto, le guste dl estudio.[43]

El pago es en este mundo

Dice el **Talmud**: Cuando la persona entra a la sinagoga, debe decir: "Que sea la voluntad de Dios que no me equivoque al cumplir con las leyes (*Halajot*) como se debe, y que no diga que lo puro es impuro y lo impuro es puro, e igual con otros detalles…".

Y al salir de la sinagoga, deberá decir: "Gracias Dios, que tuve el mérito de ser de los que se sientan en la sinagoga, y no como aquellos que se sientan en lugares vanos. Gracias porque yo me levanté a estudiar Torá y otros se levantaron a realizar cosas vanas. Yo me esforcé en estudiar Torá y recibiré mi recompensa por ello, y quienes no estudian, no recibirán pago alguno. Yo tendré el mérito de

[43] Escuchado de Rab Shlomo Levinshtein Disco 112.

llegar al Mundo Venidero y ellos no tendrán ese mérito".[44]

Pregunta el famoso **Maarshá** sobre esta parte del *Talmud*: "Aparentemente, la oración al salir de la sinagoga es repetitiva, ya que dice: 'Yo me esforcé en estudiar Torá y por ello recibiré recompensa', y luego dice 'Yo tendré el mérito de llegar al Mundo Venidero', por lo cual parece que repite que recibirá pago en el Mundo Venidero".

La respuesta es: "El pago que recibe la persona no sólo es en el Mundo Venidero, sino que mientras estudia Torá, recibe un tipo de pago llamado "felicidad", y esa es la alegría que sentimos cuando se estudia Torá, además de que recibirá una gran recompensa en el Mundo Venidero".[45]

La misma clase cuatrocientas veces

Cuenta el *Talmud*[46] que **Rab Peredá** tenía un alumno de lento aprendizaje, por lo cual tenía que repetirle cuatrocientas veces lo mismo para que entendiera.

---

[44] Masejet Berajot 28b.
[45] Netibé Or Jaim Shel Torá 69.
[46] Maséjet Erubín 54b.

El *Talmud* cuenta esto para que aprendamos y alabemos la paciencia de Rab Peredá, que no se desesperaba por tener que enseñar cuatrocientas veces lo mismo.

Dijo **Rab Jaim Shmuelevitz**: "Les diré la verdad: ¡A mí me impresionó más el alumno que el maestro! Querer escuchar la misma clase de Torá cuatrocientas veces no es nada fácil… a eso se le llama amor a la Torá".

¿Cómo podemos hacer para que la vida sea dulce?

Nos relata la Torá[47] que, después del milagro de la partición del mar, los *yehudim* continuaron su rumbo por el desierto, y no encontraron agua para beber: *"…Vayeléju Sheloshét Yamim Veló Matzú Máim, Vayaboú Marata Veló Yajelú Lishtot Maim Mimara, Ki Marim Hem; Al Ken, Kará Shema Mará"*, - …Y caminaron tres días en el desierto, y no encontraron agua. Llegaron a un río, pero no pudieron beber de sus aguas porque ellos eran "amargos", y por eso lo llamaron *Mará*".

47 Shemot 15, 22 – 23.

Explican los *Jajamim*: Las aguas, que se comparan a la Torá, eran "amargas" porque ellos eran "amargos". ¿Y por qué ellos eran amargos? Habían pasado varios días en el que no tenían Torá ni *Mitzvot* con ellos.[48] Cuando uno vive sin Torá, todo a su alrededor parece volverse en su contra, es decir, experiencias "amargas".

¿Cuál es la solución?

Continúa relatando la Torá: *"Vailonu haam al Moshé, lemor, má nishté. Vaitzak el Hashem vayoreú Hashem etz vayashlej el hamáim, vaimtekú hamáim"* - El pueblo se quejó ante Moshé, diciendo: "¿Qué beberemos?". Moshé clamó a Dios y Él le mostró un árbol; lo arrojó al agua y el agua se volvió dulce.[49]

Sobre esto, los *Jajamim* dan una explicación hermosa: ¿Qué significa que Dios "le mostró un árbol"? El árbol representa la Torá y las *mitzvot*. En ese momento se dictaminó leer la Torá cada tercer día para que no pasaran tres días sin estudiarla, así como también se les ordenó el cumplimiento de

---

[48] Torá Temimá Shemot 15, 22.
[49] Shemot 15, 24 – 25.

algunas *mitzvot*.[50] Al recibirlo, el agua se volvió dulce. Es decir, ellos pasaron de ser "amargos" a ser dulces.

Vemos de estos versículos que lo único que debe endulzar a la persona es la Torá y las *mitzvot*, ya que la Torá es dulce.

La miel siempre es dulce, pero no para todos

En una ocasión, un alumno de una *yeshivá*, que no tenía mucho gusto por estudiar Torá, pidió entrar a hablar con **Rab Aron Leib Shteinman**. Ésta es la conversación a grandes rasgos:

—Rab, ¿a usted le gustan los helados de tres pisos?

El Rab no entendía lo que el joven quería, y le contestó que no sabía qué era eso.

El alumno volvió a preguntar si quería comer un helado de esos, pero el Rab respondió que no estaba interesado.

El alumno insistió:

[50] Torá Temimá Shemot 15, 22, Rashí Shemot 15, 25 en nombre de la Guemará en Sanedrín 40.

—Rab, ¿a usted le gustan esas carnes grasosas, gruesas y sabrosas?

Y la respuesta del Rab fue la misma: que no conocía ese tipo de carnes, y no le interesaba comerlas.

Imaginemos la escena: el rabino más grande de la generación, hablando ese tipo de cosas con un alumno.

Cuando el alumno escuchó esto, le hizo una buena pregunta al Rab Shteinman:

—Si a mí no me gusta la Torá y no me atrae la idea de estudiarla, ¿por qué me obligan a hacerlo?

El Rab le contestó algo hermoso:

— ¿Tú sabes cuál es el alimento más dulce que existe en el mundo?

El alumno le contestó:

—La miel, obviamente…

El Rab aprobó la respuesta, y le volvió a preguntar:

— ¿Crees que exista alguna persona a la que la miel no le sepa dulce?

El alumno muy seguro le contestó:

—La miel es dulce y a todo el mundo lo reconoce; no hay nadie a quien le sepa amarga.

El Rabino continuó:

—Sí, hay gente a la que la miel no le sabe dulce e, incluso, hasta le sabe amarga. ¿A quién? A quien tiene aftas y fuegos en la boca. Aunque la miel en sí es dulce, no cualquier persona puede sentir su dulzura. Tal vez tu problema sean las "aftas" o los "fuegos". Si cuidaras más tu boca y te comportaras mejor, seguramente podrías sentir la dulzura de la miel.

La Torá en sí es dulce, sólo que mucha gente no tiene la fortuna de sentirla.

¿Qué nos impide sentir la dulzura?

Vamos a explicar con una parábola lo que nos impide sentir la dulzura de la Torá. En el siguiente ejemplo veremos dónde está la fuente de ese impedimento:

Una persona que está invitada a un banquete donde se sirven los más exquisitos manjares, no podrá disfrutarlos si primero come algo muy amargo o muy picante, lo que altera su capacidad de sentir el gusto por lo que comerá después.

De esta forma ocurre exactamente con el estudio de la Torá: si antes de estudiarla, estamos "metidos" en cosas externas que desvían nuestra mente de la espiritualidad, nunca sentiremos que la Torá es más dulce que la miel.

Estos "gustos extraños", amargos y picantes que se mezclan dentro de nuestra alma, no nos permiten disfrutar de la dulzura de la Torá.

La cultura griega fue la primera que trajo cosas extrañas: introdujo el deseo de ir en busca de "otras cosas", gustos y tradiciones diferentes a las nuestras, que nos alejaron del amor por la Torá y provocaron que dejáramos de sentir la dulzura que estaba preparada para nuestra vida.

Debemos esforzarnos en este punto y alejarnos de las ocupaciones "extrañas", de las satisfacciones "de afuera", para volver a sentir la dulzura del servicio a Dios, tanto en el estudio de la Torá, como en el cumplimiento de sus preceptos.[51]

---

[51] Rab Shimshon Pinkus.

Este mundo también es alegre... no sólo el Mundo Venidero

Dijo el **Saba de Kelem**: "Mucha gente se equivoca al pensar que el camino de la Torá es aburrido y fastidioso, y únicamente cuando se llegue al Mundo Venidero será cuando se disfrute todo lo que se adquirió en este mundo por medio de la Torá y las *Mitzvot*. Este es un error, ya que este mundo con Torá es alegre y de pura felicidad".

¿A qué se parece esto? A una persona que se dirige a la boda de su hijo. No sólo la boda le hará sentir alegre, sino también el camino a la Sinagoga y el camino al banquete, aunque el salón de banquetes se encuentre lejos.

Lo mismo sucede con nosotros. Si la persona en este mundo sabe que su finalidad es llegar al Mundo Venidero, y cada vez se acerca más, seguramente se alegrará tanto, como si estuviera en la boda de su hijo.

Las mitzvot son una dicha

En muchos casos, al cumplir una *mitzvá,* debemos bendecir antes de realizarla. Los *Jajamim* establecieron un texto base y luego agregaron un texto correspondiente a cada *mitzvá*.

El texto que implantaron como base es: *"...Asher kideshanu bemitzvotav vetzivanu..."* - ...que nos santificaste con Tus *mitzvot* y nos ordenaste....

La palabra *"asher"* comúnmente se traduce como "que", pero puede explicarse diferente. Explican los *Jajamim* que la palabra *"asher"* proviene de la palabra *"osher"*, que, en hebreo, significa "dicha".

Esto nos enseña que es una dicha poder cumplir con una *Mitzvá* que Dios nos ordenó.

¡Cuán bello sería que pensáramos así al cumplir cada *Mitzvá*!, dado que no existe diferencia en ninguna de ellas: *al netilat yadáim, leitatef betzitzit; leaníaj tefilín*, etc.

Si es con gusto, no es una carga

Cuentan sobre **Rab Zalmale de Volojin**, hermano de Rab Jaim de Volojin, que era un hombre muy débil. Cierto día, se puso a buscar un libro de Torá que necesitaba con suma urgencia, pero advirtió que éste se había caído detrás del librero, pero hacían falta cinco hombres fuertes para poder moverlo.

Rab Zalmale, con su debilidad, pero con su gran amor a la Torá y deseo de consultar urgentemente el contenido del libro, movió el librero sin ayuda y se puso a estudiarlo con tranquilidad.

Preguntan los *Jajamim*: ¿Cómo hacen los muchachos que estudian Torá todo el día, y además muchas veces se quedan por las noches estudiando varias horas?

Pueden porque le encontraron el "gusto" al estudio. Las ganas de estudiar dan fuerza para permanecer estudiando toda la noche. Si lo que hacemos no nos gusta, o si lo que estudiamos no nos interesa, podemos quedarnos dormidos en menos de cinco minutos. Si lleváramos a la Sinagoga a una persona de la calle, incluso que sea fuerte y musculosa, y le pedimos que estudie durante toda la noche, al no estar interesado en el tema que se estudia, sentirá aburrimiento y se quedará dormido en unos minutos por no encontrarle "gusto" al estudio.

Primero, debemos saber que la Torá es "dulce como la miel", y que cuando sentimos ese gusto, no pensaremos que es una carga o que nos provoca cansancio. Si sentimos cansancio y nos falta la fuerza para estudiar es, simplemente, porque nos faltan las ganas; el gusto todavía no se aprecia.

Por las mañanas, cuando decimos las bendiciones de la Torá, necesitamos poner más "intención" al recitarlas, pidiéndole a Dios que nos dé el gusto por estudiar la Torá.

Contó un gran Rabino: "En una fiesta de *Bar Mitzvá,* me acerqué al festejado y le di una bendición: "Que seas merecedor de sentir el gusto por el estudio".

Se me acercó después el **Rab Yejezkel Levinshtein** y me pidió que le diera a él la misma bendición.

La Torá es más dulce que la miel

David Hamélej escribió en el libro de *Tehilim*: *"Irat Hashem tehorá omedet laad; mishpeté Hashem emet; tzdakú yajdav. Hanejemadim mizahab umipaz rab, umtukim midebash venofet tzufim"* -El temor puro hacia Dios perdura para siempre; Sus leyes son verdad; se justificaron (todas) juntas; las que son deseadas más que el oro, y que el oro puro (y) abundante. (Son) más dulces que la miel y el gotear de los panales.[52]

La Torá se compara con la dulzura de la miel, y es aún más dulce que ella, pero cabe preguntar: ¿Qué tipo de comparación hace **David Hamélej**? ¿Realmente es correcto decir que la Torá es más dulce que la miel? La miel es tan dulce, que lo máximo que uno podría comer son dos o tres cucharadas como máximo… y con la Torá, ¿acaso también nos "empalagamos" de tanto estudiarla?

El **Jafetz Jaim** comenta que la miel tiene la particularidad de ser tan dulce, que, si se sumergiera un trozo de pan o carne dentro de ella y se le dejara por un tiempo prolongado, éste se transformaría totalmente en miel. Aún más, según algunos *Jajamim,* si se coloca un alimento no *kasher* dentro de la miel, cuando éste se convierta en miel, será totalmente *kasher*.

Quizá ahora entendamos un poco más la comparación de la Torá con la miel.

Esto nos enseña que, incluso una persona que por su naturaleza no posee buenas cualidades o acciones, al estudiar Torá y aferrarse a ella se

---

[52] Tehilim 19, 10 – 11.

convierte en un ser de buenas cualidades. La dulzura de la Torá convierte lo que *"no es kasher"* en *"kasher"*.

Tal vez aquí radica un secreto: comprometerse más con el estudio de la Torá, es la garantía que nos permite luchar contra el mal instinto.

¿Por qué se destruyó el *Bet Hamikdash*?

Nos cuenta el ***Talmud***[53] que le preguntaron a los *Jajamim*, a los ángeles y a todo el mundo en general, el por qué se había destruido el *Bet Hamikdash* (Templo Sagrado de Jerusalem). Y el *Talmud* contesta que nadie lo sabía hasta que tuvo que venir el mismo Dios y les contestó:

—Porque dejaron de estudiar Torá.

Nuestros Sabios explican que el problema era porque no bendecían por el estudio de la Torá, y como dice el **Baal Shem Tob**, que la bendición de la Torá sí la decían, sólo que la situación era que no decían la bendición de *"Veahareb Ná"* – Que la Torá nos sea dulce.

---

[53] Maséjet Nedarim 81b.

Incluso que esa generación sí estudiaba Torá, y no pedían que la Torá les fuera dulce, se destruyó el *Bet Hamikdash*.

La Torá es un condimento

El **Talmud** dice que Dios dijo: *"Baratí yétzer hará, baratí Torá tablín"* - Yo creé el *yétzer hará* (mala inclinación), pero también cree su antídoto: la Torá.

La palabra utilizada por el *Talmud* para referirse a un "condimento", es *"tablín"*. La Torá no es el único modo en que un judío puede canalizar su deseo físico para que no lo lleve a la destrucción, sino que también *es* el condimento que le da sabor a la vida, mucho después de que todo lo demás haya perdido su encanto.[54]

Dios es como el azúcar

Cierto día, una maestra preguntó a los alumnos sin alguno sabía explicar quién era Dios.

Uno de ellos levantó la mano y dijo:

—Dios es como nuestro padre; Él hizo la tierra y el mar, y todo lo que ella contiene, y Él nos crio como si fuéramos sus hijos.

---

[54] En nombre del: Abne Ezel.

La maestra siguió preguntando:

—¿Cómo saben que Dios existe, si nunca lo han visto?

En el aula se hizo un silencio... Marcos, un pequeño y tímido niño, levantó su mano y dijo:

—Mi mamá dice que Dios es como el azúcar en la leche que me prepara todas las mañanas. Aunque yo no veo el azúcar mezclado con la leche dentro de la taza, sé que el azúcar le da sabor a la leche. De la misma manera, Dios existe y siempre está entre nosotros, pues si no fuera así, nuestra vida no tendría sabor.

La profesora sonrió.

—Muy bien, querido. Yo les enseño muchas cosas, pero ustedes me enseñaron a mí algo más profundo que todo aquello que hasta ahora sabía. Ahora sé que Dios es para nosotros como el azúcar y que endulza nuestra vida.

"La Torá es más apreciada que las piedras preciosas, y no pueden compararse con ella todas las cosas que puedas desear"

La Torá es vida

La Torá es vida... No sólo es algo que nos acompaña, ni es un complemento para poder vivirla, sino que es la vida misma de los *yehudim*. Sin la Torá, no es posible vivir.

La Torá es la que nos da la vida, luz y existencia

Cuando Dios creó el mundo, miró la Torá y la utilizó como el plano de la Creación del Universo. Así como dice el Zohar:[55] "El mundo fue creado por medio de la Torá".

Si ya vimos que la Torá es el plano del mundo, ¿de qué manera es relevante hoy en día para nosotros, cuando el Universo ya está creado?

Contesta **Rab Jaim Volojin**:[56] "La dedicación del pueblo judío al estudio de la Torá es lo que nos da la vida, luz y existencia en todos los demás mundos".

---

[55] Zohar Terumá 161a.
[56] Néfesh Hajaim 4, 11.

Porque la Torá es tu vida y alarga los días de tu vida

Dicen los *Jajamim*:[57] "Todo aquel que enseña a otra persona algún versículo, una *Halajá* o un texto de Torá, le está otorgando vida, como está escrito: "*Ki hú jayeja veorej yameja*" - Porque ella es **tu** vida y alarga los días de tu vida.[58]

La Torá es nuestro "boleto"

Hace cien años, en Rusia, vivía un señor muy pobre cuyo sueño era hacer un viaje en tren. Tras mucho esfuerzo, ahorró lo que pudo durante tres años, hasta que finalmente logró juntar 50 rublos, una suma enorme en aquellos tiempos.

Por lo tanto, se dirigió a la estación ferroviaria y fue a la taquilla a comprar su boleto. Cuando el cajero recibió aquella increíble suma, inmediatamente le entregó un boleto en primera clase. Al subir, pensó: "¡Uy, qué interesante, todos van acostados debajo de los asientos!". Al ver aquella escena, él también hizo lo mismo, con la

---

[57] *Eliyahu Rabá, Pérek* 6.
[58] *Debarim* 30:20.

única diferencia de que dejó sus pies a la vista, a mitad del pasillo.

De pronto, entró el inspector, y al ver aquel par de pies saliendo por debajo del asiento, se dijo a sí mismo: "¡Seguro que, si hay un par de pies, también debe de haber una persona allí escondida!". Entonces lo arrastró hacia afuera, y al ver el rostro del hombre, lo amenazó: "Ah, ¿con que has intentado subirte al tren sin pagar? ahora mismo te voy a entregar a la policía".

El pobre hombre, sorprendido, lo encaró y le dijo: "¿Cómo crees? ¡Claro que tengo un boleto! Trabajé tres años para poder comprarlo; mira, ¡aquí está!", y se lo mostró orgullosamente.

El inspector revisó boleto, y al corroborar que efectivamente era válido, le preguntó; "¿Acaso te has vuelto loco? ¡Tienes un boleto para viajar en primera clase, y viajas escondido debajo de un asiento!".

El pobre hombre respondió: "¿Y cómo podría haberlo sabido? Es la primera vez que viajo en tren, y al ver que todos se colocaron debajo de los asientos, yo también lo hice".

El inspector lo miró seriamente y le cuestionó: "¿Acaso eres tonto? Con esfuerzo ahorraste tanto dinero para comprarte un boleto, ¿y piensas que es para viajar tirado en el piso, debajo de un asiento?".

Hasta aquí nuestra historia. A partir de ahora, su mensaje.

La vida es como un viaje en tren. Dios nos dio la Torá: es decir, el "boleto" para que viajemos en "primera clase". Sin embargo, debido a que "nos dejamos llevar por la corriente y hacer lo que hacen los demás", en lugar de utilizar el boleto para viajar cómodamente como lo merecemos, aceptamos viajar sin comodidades "debajo de los asientos", con la poco justificada excusa de que no lo sabíamos.

Si tantos años tenemos que permanecer en este mundo, y tanto esfuerzo tenemos que hacer para lograr aquello que queremos, vale la pena utilizar nuestro "boleto" para tratar de viajar en "primera clase".

La Torá es nuestro "boleto": su estudio; la oportunidad que todos los judíos merecemos. ¡No la dejemos pasar!

La Torá salva y protege, incluso, de la muerte

Dice el *Talmud*:[59] **David Hamelej** le preguntó a Dios que le dijera cuándo iba a morir, así como dice el versículo en *Tehilim*: *"Odieni Hashem Kitzí"* – Hazme saber cuándo moriré-, [60] pero Dios le dijo que Él jamás avisa a la gente cuándo va a morir.

Entonces, David Hamelej pidió saber -por lo menos- en qué día se iría de este mundo, así que le preguntó a Dios, como dice ese mismo versículo: *"Edea Má Jadel Aní"* – Dime qué día moriré -,[61] y el Todopoderoso le contestó que moriría un día de Shabat, pero no le dijo en qué fecha.

David Hamelej pensó en una solución, incluso para salvarse de la muerte: cada vez que llegaba el día de Shabat, él se sentaba a estudiar Torá durante todo el día y toda la noche, ya que la regla marca que la Torá salva y protege a quien la estudia.

La semana en que le tocaba morir, llegó a visitarlo el ángel de la muerte y no podía llevarse a David Hamelej, ya que estaba estudiando Torá, hasta que el ángel de la muerte encontró una solución:

---

[59] Maséjet Shabat 30.
[60] Tehilim 39, 5.
[61] Tehilim 39, 5.

Salió al jardín a mover unos árboles, y mientras David Hamelej se acercó para ver qué sucedía, continuaba rezando de memoria palabras de Torá. Sin embargo, cuando bajaba las escaleras, uno de los escalones se rompió, hasta que David Hamelej dejó de hablar palabras de Torá por unos segundos, y ese fue el momento en que el ángel de la muerte pudo vencerlo.

¡Vemos la fuerza que tiene la Torá para dar vida!

La Torá es nuestra vida

En el *Talmud* está escrito:[62] "Llega un pobre, un rico y un malvado al Juicio Celestial.

Al pobre le preguntaron:

—¿Por qué no te ocupaste de la Torá?

Y el pobre contestará que estuvo ocupado manteniendo a su familia y no tuvo tiempo para estudiar. A esta persona le dirán:

—¿Acaso tú fuiste más pobre que **Hilel**?

Hilel ganaba una moneda al día: con la mitad alimentaba a su familia, y con la otra mitad pagaba para poder estudiar Torá en el *Bet Midrash*.

---

[62] Yomá 35b.

Al rico le preguntarán:

—¿Por qué no te ocupaste de la Torá?

Y el rico responderá que estaba tan ocupado en sus negocios, que por eso no pudo estudiar. A esa persona le dirán:

—¿Acaso fuiste más rico que **Rabí Eleazar ben Jarsom?**

Rabí Eleazar ben Jarsom heredó de su padre mil islas y mil barcos, e incluso así, dedicó toda su vida al estudio de la Torá en cada ciudad por la que pasaba.

Al malvado le preguntarán:

—¿Por qué no te ocupaste de la Torá?

Y el malvado replicará:

—Era yo tan apuesto, que estuve ocupado todo el tiempo en mi belleza, y mi instinto maligno gobernaba sobre mí.

A esta persona le dirán:

— ¿Acaso fuiste más guapo y tenías más instinto maligno que **Yosef Hatzadik**?

Yosef Hatzadik era un hombre muy apuesto y tuvo muchas pruebas, pero siempre las superó.

De aquí aprendemos que Hilel sancionará a los pobres, Rabí Eleazar ben Jarsom a los ricos, y Yosef Hatzadik a los guapos. Estos tres tipos de personas llegarán al Juicio Celestial y expondrán el "pretexto" por el cual no pudieron ocuparse de la Torá.

Cabe preguntarnos: ¿Cómo es posible que nos comparen con personas de una categoría tan elevada? Dios conoce perfectamente nuestro potencial y sabe que llegar a ser como Hilel o Rabí Eleazar, o Yosef Hatzadik, es casi imposible. Debido a que tres gigantes de las generaciones pasadas pasaron por esas pruebas, ¿nos acusarán por su culpa?

Esta pregunta la hace **Rab Jaim Shmuelevitz**, y él mismo la contesta:[63]

"Esta pregunta cabe únicamente si la Torá fuese de una categoría especial, o tuviera un nivel exclusivo al cual debemos llegar, ya que Dios conoce nuestro potencial e intelecto, y sabe que no podemos alcanzar ese nivel. Pero realmente la Torá no es sólo una categoría o un nivel especial, sino que *es* la vida… Es ese "litro de sangre" con el cual

---

[63] Sijot Musar Maamar 39.

sobrevivimos… si no nos dedicamos a ella, cuando nos reclamen en el Juicio y dirán: "¿Por qué no te dedicaste a vivir y sólo te dedicaste a perder tu vida?", no sabremos qué responder.

Para entender este gran mensaje de Rab Jaim Shmuelevitz, se puede contar una parábola:

Si una persona pasa su vida en paz, y nunca llega a ser la más rica de la colonia o el más fuerte de su ciudad, y cuando se vaya de este mundo le preguntaran: "¿Por qué no fuiste el más rico o el más fuerte?", podrá contestar que no tenía interés en ser rico o fuerte, y su respuesta será recibida y aceptada, ya que no estamos obligados a ser ricos ni fuertes.

No obstante, quien arriesgó su vida y por ello murió, seguramente le reclamarán y le dirán que merece un castigo, pues nadie debe jugar con su vida.

Lo mismo es la Torá: si alguien piensa que tiene una categoría especial, como ser rico o fuerte, está equivocado, ya que la Torá no es eso, sino que *es* la fuente de la vida… y si no nos ocupamos de ella, nos reclamarán por qué "jugamos" con la vida.

La vida sin Torá, no es vida

Dice la Torá que, si una persona mata a otra involuntariamente, debe irse a un refugio (*Ir Miklat*) especial, donde se quedan este tipo de personas.

La Torá hace hincapié en que aquel que mató involuntariamente a otro, debe sobrevivir y no se le puede matar, como dice el versículo: *"Hú yanus el ajat hearim ahéle vajay"* - Aquel huirá a una de esas ciudades y vivirá.[64] De aquí aprendemos que los refugios deben estar cerca de las ciudades para que la persona pueda comprar alimentos y no muera de hambre mientras se dirige al refugio.[65]

El *Talmud*[66] explica que, si la persona que mató era alumno de un *Jajam,* éste debe acompañarlo hasta el refugio para que se considere que "vivirá", ya que un alumno sin su *Jajam* (es decir, sin alguien que le enseñe Torá), no se considera que "vivirá", sino que se le considera como muerto, ya que la Torá es la vida.

---

[64] Debarim 19, 5.
[65] Rashí.
[66] Makot 10a.

Similarmente, el **Rambam** expone: *"Vejayé baalé hajojmá umebakshea beló talmud Torá, kemitá jashubim"* - Y la vida de los cultos y de quien persigue la sabiduría sin estudio de Torá, se consideran como muertos.[67] Así, el Rambam dice: "Una persona que no tiene Torá, se considera como un muerto".

Tal como sucedió con **Rabí Yojanán**, quien tenía un gran compañero de estudios llamado **Resh Lakish**.

Cuando Resh Lakish se marchó y Rabí Yojanán no pudo encontrar otro compañero de estudio tan bueno como él, le causó tanto dolor, que no lo pudo superar y se volvió loco. Los *Jajamim* tuvieron que rezar para que muriera, y su petición les fue cumplida.[68]

Rabí Yojanán no pudo soportar que su compañero se fuera, y por cuanto no tenía con quién estudiar, tuvo que morir, ya que sin Torá la vida es igual a la muerte.

---

[67] Rambam Halajot Rotzeaj 7, 1.
[68] Maséjet Babá Metziá 84a.

La Torá no es un "extra" a nuestras vidas, es nuestra vida

Había un niño un poco pasado de peso que quería hacer dieta. Fue con una nutrióloga para que le diera una buena dieta. Debido al exceso de peso, ésta le sugirió una dieta muy extrema y complicada.

El niño no quiso seguirla, así que le pidió algo más sencillo. Después de tanto insistir, la nutrióloga le brindó una dieta más sencilla y le dijo:

—En las mañanas comerás un plato de frutas, en la tarde un pollo asado, y en la noche un yogurt.

El niño aceptó la dieta, pero tenía una duda, así que le preguntó a la nutrióloga:

— ¿Esos alimentos los debo comer antes o después de la comida?

Nos reímos con esta historia, pero, a veces, es lo que nos pasa en la vida.

Como *yehudim,* debemos encaminarnos totalmente a lo que la Torá nos pide. La Torá no es para antes o después de nuestras actividades cotidianas, sino que *es* nuestra vida, y nuestra vida es Torá. Tampoco es un complemento a nuestras actividades, sino que realizamos nuestras actividades de acuerdo a la Torá.

El valor de un minuto en la Torá

En el *Talmud* están escritas las leyes de quien asesina a otra persona.[69]

Una de estas leyes dice que, si una persona joven mata a un hombre anciano y lo asesina (frente a testigos) que le advirtieron que está prohibido matar, es castigado con la pena de muerte. Incluso que ese anciano tuviera que morir a los pocos minutos, el joven debe cumplir con la pena de muerte.

Este joven será llevado a un juicio y le dirá al juez que no es justo que le hayan decretado la muerte, ya que él le quitó unos minutos de vida al anciano, que igual iba a morir pronto, y no era justo que a él le quitaran decenas de años que podría vivir de más.

La explicación es la siguiente: Alguien que mata a otra persona que iba a vivir un minuto más, le está quitando un minuto más de Torá y de *mitzvot*... un

[69] En Maséjet Sanhedrín.

minuto de superación espiritual o un minuto de posibilidad de adquirir el Mundo Venidero. Un minuto para, quizá, poder contestar un *Amén*. Ese minuto es eterno; no es como el minuto de sesenta segundos que todos conocemos, sino que es un minuto en el que se puede adquirir una vida eterna.

Por eso, ese joven debe pagar con la pena de muerte, ya que no hay diferencia entre un minuto y una vida eterna. El Mundo Venidero se puede adquirir en un minuto, o en setenta años. Esto lo podemos entender con el siguiente relato:

Cuando el alumno del **Jafetz Jaim**, el **Rab Naftalí Trop,** enfermó gravemente, se hizo una colecta espiritual para su curación. Es decir, que cada persona tenía que donar algo espiritual para su curación.

Se hizo una lista y cada voluntario anotó: uno donaba dos horas de estudio de Torá y otro donaba tres horas de estudio de Torá; algunos donaron, incluso, seis horas de estudio de Torá, hasta que llegaron con el Jafetz Jaim y él dijo que sólo donaría un minuto de estudio de Torá.

Todos se impresionaron, hasta que después entendieron el gran mensaje: ¡Cuánto vale un minuto de Torá!

Esto también lo podemos ver en la siguiente historia:

¿El pulmón se considera carne o no?

Sucedió con el famoso gran Rabino "**Taz**" (abreviatura del **Rab David ben Shemuel Halevi,** quien escribió el libro "*Turé Zahab*") y el gran Rabino "**Baj**" (abreviatura del **Rab Yoel Sirkish,** quien escribió el libro "*Bait Jadash*"), la siguiente historia:

El Baj era suegro del Taz, y le había asegurado que se ocuparía de mantenerlo (para que pudiera estudiar Torá todo el día y no tuviese que dedicar parte de su tiempo a trabajar), además de que le daría carne para comer todos los días.

En una oportunidad, en lugar de darle carne común, le entregó una porción de pulmón. Por ese motivo, el Taz llevó a su suegro a un juicio. Después de analizar el caso, se le dio la razón al Baj, ya que también se consideró al pulmón como carne.

El **Jazón Ish** explicó la profundidad de esta historia:

Lo que había sucedido fue que el Taz estudiaba Torá hasta agotar sus fuerzas todos los días. Ese día que le dieron pulmón en vez de carne común, estudió unos minutos menos, puesto que su fuerza disminuyó, y así se originó una acusación en el Cielo hacia su suegro, por haber sido responsable de esta falta de minutos de Torá en el mundo.

El Taz, que sabía esto, para sacar esa acusación que pesaba sobre su suegro, lo llevó a un juicio, sabiendo que determinarían que el pulmón también es carne, y así se levantaría la acusación del Cielo.

¡Aprendamos el valor de cada instante de Torá que estudiamos, y no lo dejemos por nada del mundo!

Si no doy esa clase a mis alumnos, para qué quiero la vida

Rab Hilel Keigan solía mencionar las palabras que le dijo **Rabi Tarfón** a **Rabí Akibá**: "Toda persona que se aleja de la Torá, es como si se alejara de la vida".[70]

Él cuenta que en los últimos días de la vida de **Rab Shimon Shkop**, su doctor de confianza, el profesor Yanoshkobitz de Vilna, lo obligó que dejara de impartir las clases que daba a decenas de estudiantes, ya que se debilitaba mucho por el esfuerzo que hacía.

Rab Shimon Shkop se río y le dijo al profesor: "Todos sus consejos tienen una finalidad, que es cuidar la vida. Pero yo, si no doy esa clase a mis alumnos, ¿para qué quiero la vida? ¡Esa clase es mi vida!".[71]

No hay vida, sino únicamente la Torá

Dice el *Midrash*: *"En jaim ela Torá"*, "No hay vida, sino únicamente la Torá".[72]

Escribió **Rab Yehudá Leib Jasman,** que la Torá no es un complemento de vida, sino lo primordial en la vida de un *yehudí*. Sin Torá, la persona no se considera viva.

---

[70] Maséjet Kidushín 62b.
[71] Kuntras "Zejer Hilel".
[72] Midrash Mishlé Perek 10.

Está escrito en la Torá: *"Reé, natati lefaneja hayom et hajaím veet hatob, veet hamávet veet hará"* - Mira, pongo delante de ti la vida y lo bueno, la muerte y lo malo.[73] Sobre este versículo, Rab Yehudá Leib Jasman escribe lo siguiente:

La Torá no escribió: "La vida y la muerte, lo bueno y lo malo", ya que podría entenderse que quien vive con Torá obtendrá algo bueno extra, y lo opuesto sucedería a quien vive sin Torá. Pero la Torá dice: "La vida y lo bueno, la muerte y lo malo"; juntó las palabras "la vida y lo bueno", para enseñarnos que lo bueno que está encerrado dentro de la Torá es la vida misma, y, por el contrario, quien no cuida la Torá, no siente que es algo que le falta para vivir, sino todo contrario, que es la muerte.[74]

Rifarse la vida en este mundo

Una persona que dedicó toda su vida al cumplimiento de la Torá y al final de sus días cometió una falta, puede perder su Mundo Venidero (por ejemplo, si renegó de la Torá). Esa

---

[73] Debarim 30, 15.
[74] Or Yahel Jelek 3 hoja 176.

persona no recibirá pago por lo bueno que hizo, que se lo pagan en este mundo.

Aquí surge una pregunta: ¿Cómo le pueden pagar a alguien en este mundo todo lo bueno que hizo? Pues está escrito: "*Shaá ajat meolam habá, shavá yoter mikol jayé olam hazé*", "Vale más una hora en el Mundo Venidero, que todas las satisfacciones de este mundo".[75]

Se entiende de esta *Mishná* que el pago en el Mundo Venidero es mucho mayor a todas las satisfacciones que uno pueda obtener en este mundo.

Al respecto, **Rab Yaacob Kaminetsky** comenta algo hermoso:

"Un sirviente le hizo un trabajo a su jefe, y ahora el jefe le debe 100 dólares por su trabajo. El sirviente, en vez de pedir su pago en efectivo, solicitó que le pagaran con 50 boletos de la lotería, cuyo valor era de 2 dólares cada uno, de tal manera que el sirviente podría rifar o vender los boletos y obtendría 100 dólares. El sirviente se quedó con los 50 boletos, con la esperanza de ganar el premio mayor.

[75] Pirké Abot 4, 17.

Después de la rifa, y sin la buena suerte de su lado, el sirviente perdió todo su dinero. Así que acudió con su jefe para decirle que no le había pagado aun, pues se había quedado sin nada: ni los boletos, ni el dinero. Es lógico que el jefe no debe darle absolutamente nada, ya que el sirviente sí tuvo el dinero en sus manos, pero prefirió jugarlo".

En este mundo sucede algo parecido, ya que el único pago que podemos recibir es vida, pero depende de nosotros cómo la aprovechamos.

Si lo deseamos, podemos utilizar la vida en comer, beber, disfrutar de cosas que no dejan nada productivo, etc., pero al final de cuentas, no nos quedará nada, ya que no habrá ni dinero ni boletos para la rifa. Por el contrario, si somos inteligentes, utilizaremos la vida que Dios nos dio para juntar *mitzvot* y buenas acciones, para que cuando llegue el día, tengamos con qué vivir.

Aprendemos de ello que sí hay pago en este mundo, sólo que depende de cómo lo aprovechemos: como boletos de lotería, o como dinero en efectivo.

Así continúa diciendo la *Mishná*: *"Yafá shaá ajat bitshubá umaasim tobim, mikol jayé olam habá"* - Es mejor una hora de arrepentimiento y obras buenas (en este mundo), que toda la vida en el Mundo Venidero[76], lo cual significa que cumplir *mitzvot* y Torá en este mundo es la única manera de adquirir el Mundo Venidero.[77]

La vida eterna

En una ocasión, el **Rab de Ponovich** le preguntó al **Jafetz Jaim** ¿por qué los grandes *Jajamim* deben ir a buscar donadores a todo el mundo para mantener sus *yeshivot* y, entre los gentiles, muchos donadores se apuntan y se junta rápido el dinero cuando quieren construir algo grande? ¡Si los *Jajamim* lograran reunir el dinero rápido, tendrían más tiempo para estudiar Torá!

Contestó el Jafetz Jaim: "Está escrito en el *Talmud* que toda persona que no se ocupe de la Torá en su vida, no se levantará en la resurrección de los muertos, incluso que haya cumplido con todas las *mitzvot*. Y es precisamente lo que Dios quiere: que los grandes *Jajamim* recorran el mundo para provocar que las personas que aún no tienen el mérito de estudiarla, lo mínimo que pueden hacer

---

[76] Pirké Abot 4, 17.

[77] Emet Leyaacov sobre la Mishná en Abot 4, 17.

es donar dinero para que otras personas estudien, y por esa *tzedaká* que dieron, podrán levantarse durante la resurrección de los muertos.

De aquí aprendemos que la intención de Dios es totalmente buena; Él hace que los *Jajamim* vayan de un lado a otro y no junten el dinero rápido para beneficiar a más gente a tener el mérito de participar en la resurrección de los muertos.

Según esto, debemos entender que son las *yeshivot* las que nos hacen el favor, y no nosotros a ellas cuando donamos nuestra *tzedaká* para el estudio sagrado.[78]

La Torá salva a la persona

En cierta ocasión, en Israel, un joven totalmente laico viajó a Jerusalem para arreglar unos documentos. Después de terminar los trámites, recordó que tenía un primo religioso que vivía cerca de ahí, por lo cual pensó: "Pasaré a saludarlo y me ahorro la comida". Al llegar a casa del primo, y después de saludarse, el anfitrión le ofreció: "La mesa está servida, quédate a comer con nosotros."

---

[78] Leshijnó Tidreshú.

Mientras platicaban, el primo le dijo que valdría la pena que por lo menos cumpliera con una pequeña *mitzvá*. Entonces le preguntó:

—¿Crees que puedas empezar comiendo sólo alimentos *kasher*?

—No –respondió el joven. –Donde yo vivo no hay comida *kasher*.

—¿Puedes ponerte *tefilín*?

—No –aseguró-, no me gustaría hacer algo que nadie hace en mi colonia y que los vecinos se burlen de mí.

—¿Y podrías ponerte el *Tzitzit*? -insistió el primo.

—¡No, estoy seguro de que se reirían de mí! -negó el joven.

—Bueno –sugirió el primo-, sé que no es fácil, pero nadie se dará cuenta. Por ejemplo, cuando te pongas los zapatos en la mañana, ponte primero el derecho, luego el izquierdo, y te los amarras a la inversa.[79]

---

[79] Así es el orden que debemos ponernos los zapatos según la ley judía.

—Primo, ¿estás seguro de que sólo con eso vale la pena? Toma en cuenta que no cuido Shabat ni Pésaj, ni siquiera *Yom Kipur*.

El primo lo confrontó:

—Sí, es una *mitzvá* muy importante, pero prométeme que no vas a fallar en cumplirla.

—Te lo prometo -respondió el joven, y se despidieron con un afectuoso abrazo, y así comenzó a cumplir diariamente la *mitzvá* de seguir con el orden al ponerse los zapatos.

Una mañana, escuchó por la radio un llamado del ejército donde pedían reservistas para cubrir una situación difícil y debían presentarse en un lugar muy cercano de donde él vivía.

A la mañana en que debía salir a cumplir esta misión, por la prisa de llegar a la hora indicada al punto de reunión, advirtió que se había puesto los zapatos en el orden equivocado.

— ¿Ahora, qué hago?, -se preguntó. -Aún hay tiempo... ¡qué vergüenza que me vean aquí, desamarrándome los zapatos para seguir un orden; mejor regreso rápido y lo hago bien. Así que salió a amarrarse los zapatos como corresponde, y regresó de inmediato.

Al llegar al punto de reunión, vio que los soldados ya se habían marchado y pensó: "Ahora sí que me van a castigar".

El jeep en el que tenía que haberse subido, pisó una mina y todos murieron, y un poco más tarde, todos le decían:

—¡Estás vivo! Creímos que habías muerto con todo tu grupo.

Llamó a su primo y le dijo:

—Tú y tu *mitzvá* me salvaron la vida.

—Primo, quiero que sepas que yo no hice nada; fue el haber cumplido con la Torá y la manera en la que cumpliste la que te ayudó a mantenerte con vida -expresó el primo.

¡La Torá nos da la vida y nos mantiene!

Con tan sólo una palabra de Torá

Dicen los *Jajamim*:[80] "Todo aquel que enseña a alguna persona un versículo, una *Halajá* o un texto de Torá, le da vida a la otra persona, como está

[80] Eliahu Rabá Perek 6.

escrito: *"Ki hú jayeja veorej yameja"* - Porque ella es la vida y alarga los días de tu vida.[81]

El *Talmud* menciona una ley que dice que, cuando fallece un *Jajam*, sus alumnos deben hacer luto por "su *Jajam*", como, por ejemplo, rasgar sus ropas. Asimismo, mientras el *Jajam* viva, el alumno deberá ponerse de pie frente a él en señal de respeto.

El *Talmud* pregunta: "¿A quién se le llama 'su *Jajam*'?". Al respecto, el mismo *Talmud* trae varias opiniones:

Según **Rabí Meír**, debe ser alguien que le transmitió mucha sabiduría. Según **Rabí Yehudá**, llama "su *Jajam*" a quien le enseñó la mayor parte de lo que sabe, pero hay una tercera opinión: **Rabí Yosi** dice: "Incluso que sólo le haya enseñado una *Mishná*, es suficiente para llamarlo ´su *Jajam*´".

La ley se determinó de acuerdo a la opinión de **Rabí Yosi**: incluso, si sólo le enseñó una *Mishná*, es suficiente para pararse frente a él por el respeto que merece y guardarle luto tras su fallecimiento.[82]

En una ocasión le preguntaron al ***Jajam* Abraham Shabot**: "¿Acaso por una palabra de Torá que un

---

[81] Debarim 30, 20.
[82] Shitá Mekubetzet en nombre del Ritbá.

Jajam nos haya enseñado, debemos guardar luto y levantarnos frente a él en su honor?"

Contestó *Jajam* Abraham Shabot:

"Esa pregunta sólo la puede hacer alguien que no sabe lo que significa una palabra de Torá, ya que si entendiéramos cuánto vale, respetaríamos al *Jajam* mucho más de lo que se merece".

"...Y Abraham era anciano y vino con sus días"

Nos dice la Torá: *"VeAbraham zakén, ba bayamím"* - Y **Abraham** era anciano, y vino con sus días.[83]

Explican los comentaristas que cada persona debe ver cada día de su vida como una oportunidad para vivir o morir; de hacer el bien o el mal.

La persona puede aprovechar cada día de su vida para traer más vida, así como dice el versículo: *"Veirát Hashem, tosif yamím"* - El temor a Dios aumenta la vida (los días).[84] Esto significa que la persona que vive aprovechando sus días con Torá y *mitzvot,* Dios le mandará más vida y cosas buenas, pero aquel que vive perdiendo su tiempo,

[83] Bereshit 24, 1.
[84] Mishlé 10, 27.

el versículo señala: *"Ushnot Reshaím, Tiksorna"* - Y los años del malvado serán acortados.[85] Es decir, incluso que un malvado viva muchos años, éstos se consideran como años muertos o perdidos, ya que no labró nada bueno ni productivo a lo largo de sus días en este mundo.

Y eso es lo que está escrito sobre Abraham Abinu: "No sólo vivió muchos años, sino que los años vinieron con él. Es decir, cada día de su vida lo aprovechó al máximo y sus días eran considerados como "vida".[86]

Reflexionemos: De los 90 años que aproximadamente vive una persona, ¿cuántos de ellos aprovechamos en algo productivo?

La Torá, mejor que cualquier profesión

El *Talmud* dice: "Dijo **Rabí Neurai**: 'Prefiero enseñar a mis hijos Torá, que todas las profesiones que existen en el mundo, ya que ellos no serán capaces de aplicarlas sino únicamente en su juventud, más no en su niñez. Sin embargo, al

---

[85] Mishlé 10, 27.
[86] Shlá Hakadosh en Yad Hashlá.

estudiar la Torá, la aprenderán en su juventud y en su vejez".[87]

Moshé rompe las Tablas cuando ve al pueblo de Israel bailando frente al becerro de oro, pero también porque se le hicieron más pesadas.

¿Por qué más pesadas? Los Diez Mandamientos quedaron grabados sobre dos Tablas de zafiro, y dice el *Midrash* que Moshé pudo ver las letras hebreas volando alrededor de las Tablas, atravesándose de un lado a otro, hasta que automáticamente se fueron acomodando dentro de los huecos, motivo por el cual las sintió más pesadas...

Aprendemos varios detalles de aquí:

1. Cuando Dios le comentó a Moshé que el pueblo de Israel había pecado, no las rompió, sino hasta que bajó al pie del Monte y vio la alegría del pecado: ¡si pecar es malo, alegrarse por haberlo cometido es aún peor!

2. El zafiro es una piedra muy resistente, sin embargo, se desintegró frente a la Torá para

---

[87] Maséjet Kidushín 82b.

enseñarnos que la Torá puede anular los deseos más duros y penetrar en el corazón más terco.

3. Por falta de Torá, automáticamente se llena el corazón con todo tipo de deseos materiales.

4. Las letras de la Torá ocupaban el lugar del zafiro: ¡La Torá es más dulce y valiosa que todo el oro y las piedras preciosas!

Que Dios nos ayude a valorar la vida y podamos aprovecharla en actos productivos, como el respeto a la Torá, y el cumplimiento de las *mitzvot*. Amén.

Hilel dijo: 'Aquél que aumenta en Torá, aumenta en vida'

VALORAR LA TORÁ

Comenzaremos con una hermosa historia que sucedió hace cientos de años, —en el tiempo del talmud— y hoy, aplica de la misma manera que esa época.

Historia con Rab Kahana y su hijo Slik

Cuenta el Midrash una historia sorprendente, de la que aprenderemos el valor de la Torá que muchos desconocen:[88]

En los tiempos del *Talmud,* vivía un gran rabino llamado **Rab Kahana**, quien durante muchos años no podía tener hijos. Después de rogar varias veces junto con su esposa, finalmente le nació un hijo, a quien llamó **Slik**.

Cuando Slik cumplió cinco años, su padre, Rab Kahana, quiso mandarlo a estudiar Torá, pero su esposa se impuso y no permitía que su hijo Slik saliera solo de la casa a la escuela, y mucho menos después de que esperaron durante tantos años su llegada.

---

[88] Baté Midrashot 1, Maasé con Rab Kahana y su hijo Slik.

Rab Kahana no permitía -bajo ninguna circunstancia- que su hijo dejara de estudiar Torá, ya que él conocía su valor y era lógico que el niño la estudiara desde muy pequeño. Después de platicar y analizar el tema con su mujer, llegaron a la decisión de contratar a un maestro de Torá para que todos los días fuera a su casa para enseñarla.

Buscaron al mejor profesor, y se encontraron a un gran sabio llamado Eliézer, quien se dedicaba a hacer *tzitziot*. Le preguntaron si tenía esposa e hijos, y contestó que sí: su esposa era la Torá y sus hijos eran sus alumnos.

Al final, contrataron a Eliézer para enseñarle diariamente la Torá a Slik en su casa. El trato era que Eliézer le enseñara Torá durante 25 años, y al final recibiría mil monedas de plata.

Tras 25 años de estudio intensivo, Eliézer recibió las mil monedas de plata, mientras que Slik se convirtió en un gran sabio de Torá a los 30 años de edad.

Después de estudiar tantos años dentro de su casa, Slik salió a la calle para conocer el mundo. Paseando por el mercado bajo un intenso Sol, miró un puesto donde vendían refrescos y aguas frescas.

Slik pidió un vaso de agua fresca a la persona que atendía y éste le pidió dinero para pagar esa bebida.

Slik le dijo que no tenía dinero, pero que tenía 25 años estudiando Torá de manera intensiva y por ello era un gran sabio.

El vendedor exclamó que eso no le importaba... él quería dinero, y era impensable que su Torá pagara la bebida.

Slik se deprimió mucho, ya que, a pesar de haber dedicado toda su vida al estudio de la Torá, ahora no podía ni comprar un simple vaso con agua.

Al volver cabizbajo a su casa, le platicó a su padre lo ocurrido en el mercado y lo enfrentó, preguntándole por qué lo había hecho estudiar tantos años, si con ese estudio no era capaz ni de comprarse un simple vaso con agua. Slik aseguró que prefería dejar el estudio y salir a trabajar, ya que ahí sí ganaría dinero para comprar en el mercado todas las bebidas que quisiera.

Rab Kahana comprendió el mensaje y le dijo a Slik que ya le tenía un negocio listo para comenzar. El Rab entregó a su hijo una piedra preciosa de gran valor, la cual había conservado desde hace mucho tiempo, y le pidió a su hijo ir al mercado a tratar de venderla, no sin antes comparar su precio con diferentes compradores.

Slik acudió al mercado para evaluar su piedra preciosa, y comenzó con la primera tienda que encontró: un local de un carpintero, quien miró la piedra preciosa y debido a que él no sabía nada de gemas, le ofreció muy poco dinero por ésta, así que el joven se retiró del lugar.

Slik continuó su camino, y entró a una tienda de comida. Por supuesto que también le ofreció muy poco dinero, ya que no eran expertos en piedras, por lo cual también se retiró de ahí.

Así fue que recorrió varias tiendas, y en ninguna le ofrecían el valor real de la piedra preciosa, hasta que llegó a la zona joyera. Slik la mostró a los expertos, quienes se sorprendieron al verla. Los compradores discutían para quedarse con la piedra preciosa, y cada uno le ofrecía mucho más dinero por ella, pero Slik no la vendió, como le había dicho su padre.

Slik regresó a su casa y le contó a su padre lo sucedido en el mercado; también le platicó cómo el carpintero le ofreció muy poco dinero, así como el dueño de la pescadería, y cómo los expertos en joyas le habían ofrecido mucho más dinero.

Le preguntó Rab Kahana a Slik:

—¿Por qué los joyeros te ofrecieron mucho más dinero que el carpintero o el dueño de la pescadería?

Le contestó Slik:

—¡Debido a que los joyeros entienden de joyas y saben exactamente su precio!

Le dijo Rab Kahana a Slik:

—¿Ahora te das cuenta por qué el puesto de bebidas no te quiso dar un vaso con agua por tu Torá? ¡Porque ellos no conocen el valor de la Torá, sino únicamente conocen el dinero, y lo único que les interesa son los billetes y las monedas! ¡Pero alguien que conoce el valor de la Torá, te dará honores y respeto al saber tanto de Torá!

Quien no conoce la Torá, jamás la podrá valorar. Quien conoce la Torá, sabe que su valor es enorme y no lo cambia por nada en la vida.

Debemos conocer el valor de la Torá

Si queremos conocer el valor de la Torá, vamos a contar una historia real que está escrita en el **Zohar**, la fuente de la *Kabalá*.

Hubo una vez un *Jajam* llamado **Rab Abá**, quien tenía una *yeshivá* para que los jóvenes pudieran estudiar Torá.

En cierta ocasión, cuando Rab Abá caminaba por la calle, se encontró a un joven judío que jugaba sobre la banqueta. El joven era huérfano, y a nadie le importaba su nivel de espiritualidad; es decir, a los familiares que lo cuidaban jamás se les ocurrió llevarlo a una *yeshivá*, o con alguien que le enseñara la Torá.

Rab Abá le preguntó al joven su nombre, y éste le contestó:

—Me llamo Yosi.

El *Jajam* le preguntó qué hacía en ese momento, y éste le respondió que estaba jugando. Rab Abá le ofreció llevarlo a la *yeshivá* para estudiar Torá, pero el astuto joven le preguntó cuánto le pagaría por ello. Yosi pensó que, si le ofrecían una buena cantidad de dinero, valdría la pena ir con él; de lo contrario se quedaría jugando en la calle.

Rab Abá no se sorprendió por la respuesta del joven, así que le preguntó cuánto dinero quería. Yosi le contestó con mucha confianza:

—Si tú me das doce vasos de oro, llenos de oro (era muchísimo dinero), estaré de acuerdo en irme contigo a estudiar día y noche. De lo contrario, me quedaré jugando en la calle.

Rab Abá le dijo:

—Si vienes a la *yeshivá* a estudiar con esfuerzo y dedicación, te daré lo que me pides.

Yosi comenzó su estudio con mucha dedicación, y Rab Abá estaba muy contento con él. Después de poco tiempo, el joven comenzó a sentir la dulzura de la Torá, pero había alguien que no quería que le gustara el estudio: ése era el "instinto del mal" (*Yétzer Hará*), que antes era su gran amigo y jugaba con él en la calle. Sin embargo, ahora que Yosi estudiaba mucha Torá, ya no eran tan buenos amigos.

El instinto del mal logró que Yosi dudara, mientras éste le preguntó:

—¿De dónde sacará Rab Abá el dinero que te prometió? ¿De dónde te dará doce vasos de oro, si ni siquiera tiene en su casa doce vasos de vidrio?

Rab Abá vio que Yosi últimamente se mostraba preocupado y confundido, por lo cual le preguntó a qué se debía su intranquilidad, hasta que el confesó que habían hecho un trato, pero él no creía que el *Jajam* podría pagarle lo convenido, y que por lo menos quería ver los doce vasos de oro para sentir que la promesa que le hizo Rab Abá era real.

Rab Abá sabía que todo esto era trabajo del "instinto del mal" y le preguntó a Yosi:

—¿Acaso crees que soy un ladrón que te robará? ¡Quedamos en un trato y lo cumpliré! ¡Puedes estar seguro de que recibirás todos esos vasos de oro como te lo prometí!

Yosi se quedó más tranquilo y continuó estudiando con mucha dedicación y esfuerzo. No obstante, Rab Abá estaba inquieto, pensando de dónde sacaría esos vasos de oro que había prometido.

Preocupado, Rab Abá le contó a su esposa sobre ello, pero ésta lo tranquilizó, diciéndole que Dios se encargaría de pagar esos vasos de oro, ya que Rab Abá lo había hecho por honor a Dios.

Después de unas horas, cuando Rab Abá se sentó a comer con su esposa, llamaron a la puerta; un hombre mayor pedía hablar con Rab Abá, y éstas son las palabras que le dijo:

—Ayer escuché una conferencia de **Rabí Yojanán,** en la cual mencionó que las personas ignorantes no podrán levantarse durante la resurrección de los muertos, ya que únicamente lo harán quienes hayan tenido una relación cercana con la Torá. Como yo jamás me involucré en el estudio de la Torá, y lo único que hice en mi vida fue trabajar y trabajar, vengo a donar todo lo que gané en mi vida para que tenga el mérito de levantarme en la resurrección de los muertos.

Este hombre sacó un costal con decenas de diamantes, brillantes y mucho oro, que le entregó a Rab Abá para que lo repartiera a un joven que quisiera estudiar Torá, ya que deseaba hacer un bien para poder levantarse en la resurrección de los muertos.

Rab Abá, sorprendido, le contó a este hombre la historia de Yosi y le dijo que era muy buena opción darle ese dinero al joven, quien estaba creciendo mucho en Torá.

Trajeron a Yosi para cerrar el trato, y quedaron que Rab Abá resguardaría todo el dinero para cuando Yosi lo necesitara, y se lo iba a entregar íntegro. Firmaron el convenio entre el hombre, Rab Abá y Yosi, y todos quedaron satisfechos.

Después de un tiempo, Rab Abá advirtió que Yosi estaba angustiado, y le preguntó qué le pasaba.

Yosi le dijo a Rab Abá:

—¡Quiero que traiga ahora mismo a ese hombre que le dio el dinero para mí; quiero romper el trato que hicimos y quiero que le regrese todo lo que tiene guardado para mí! ¡Ya no quiero nada de sus brillantes ni de su oro! ¡Me he dado cuenta de que una palabra de Torá es mayor que todos los tesoros más preciados del mundo! ¡Me he dado cuenta del mal trato que hice! ¡Vendí parte de mi Torá por brillantes, y eso es un error tremendo!

Rab Abá respondió a Yosi que no por ello perdería parte de su mérito por su estudio, y que toda la Torá que había asimilado seguiría con él a lo largo de su vida; que no la estaba vendiendo.

Sin embargo, Yosi mandó llamar al donador para regresarle todo lo que había dado. A la vez, este hombre tampoco quería recibir de vuelta su dinero, así que se lo entregó nuevamente a Yosi, porque su deseo era levantarse durante la resurrección de los muertos.

Yosi y el hombre se arrojaban uno al otro el dinero, hasta que Rab Abá intervino y le dijo al donador que ese dinero se repartiría entre los pobres y en la *yeshivá;* además les aseguró que ambos tendrían una gran parte en el Mundo Venidero y los dos aceptaron.

La pregunta es: ¿Acaso nosotros podríamos rechazar brillantes y oro, pensando que la Torá es más valiosa? Si pudiéramos sentir la dulzura de la Torá y conociéramos el valor que tiene, no la cambiaríamos ni por todo el oro del mundo...El problema es que no conocemos su verdadero valor.

Valorar una palabra de Torá

Dicen los *Jajamim:* "Si todo el mundo se hubiera creado únicamente para que un *yehudí* conteste una vez *'Baruj Hú Ubaruj Shemó'*, hubiera valido la pena".

Esto significa que 6 mil años de existencia del mundo, incluyendo miles de millones de personas en todas las generaciones; la creación de los planetas, las estrellas, el Sol; todas las construcciones gigantes, edificios, diversiones, guerras, ejércitos, etc., valdrían la pena sólo para que un *yehudí* pueda contestar cuatro palabras: *"Baruj Hú Ubaruj Shemó"*. Con esto, Dios estaría más que contento con todo lo que hizo.

Explican los *Jajamim,* que quien contesta mil veces *"Baruj Hú Ubaruj Shemó"*, es como si hubiera contestado un sólo *"Amén"*. Por lo tanto, quien contesta mil veces *"Amén"*, es como si contestara sólo una vez *"Baruj Hashem Hameboraj Leolam Vaed"*. Y si contesta mil veces *"Baruj Hashem Hameboraj Leolam Vaed"*, es como si contestara a un *"Amén, Yehé Shemé Rabá Mebaraj"*. Y el que contesta mil veces *"Amén, Yehé Shemé Rabá Mebaraj"*, equivale a la persona que estudia una sola palabra de Torá.

Por lo general, cuando estudiamos Torá y nos preguntan:

— ¿Qué haces?

Contestamos:

—Aquí, nada... estudiando Torá.

¡Esto es un grave error!, pues si tuviéramos conciencia de lo que realmente estamos haciendo no responderíamos así, sino que contestaríamos que estamos manteniendo al mundo.

Necesitamos valorar más lo que hacemos. Si todo el mundo se creó para que un *yehudí* pueda contestar una vez "*Baruj Hú Ubaruj Shemó*", y una sola palabra de Torá vale mucho más que eso, ¡cuánto debemos sentirnos orgullosos de lo que estamos haciendo:

"Por la gente que cumple una *mitzvá,* vale la pena volver a construir el mundo". Debemos valorar lo que hacemos, y no pensar que no vale ante los ojos de Dios.

Lo que cuenta, es que tú lo valores

Cuenta el **Talmud**[89] sobre una mujer llamada Kimjit, quien tuvo la bendición de tener siete hijos *Cohanim Guedolim* (Sumos Sacerdotes que servían en el Templo Sagrado de Jerusalem).

Para entender la grandeza de los hijos de Kimjit, tenemos que explicar que un *Cohén Gadol* era la

[89] Yomá 47a.

única persona que podía entrar al lugar más sagrado del Templo Sagrado (*Bet Hamikdash*) en el día más sagrado del año (*Yom Kipur*), a la hora más sagrada del mismo día (*Séder Haabodá): al Kódesh Hakodashim (Santo de los Santos),* y Kimjit tuvo el mérito de tener siete hijos con esa grandeza.

El *Talmud* relata que los *Jajamim* le preguntaron a Kimjit cuál había sido su mérito para haber tenido hijos tan elevados espiritualmente.

Kimjit contestó:

—Las paredes de mi casa ***nunca*** vieron mi cabello descubierto. Es decir, era recatada en extremo.

Al escuchar esto, los *Jajamim* le dijeron a Kimjit:

—Muchas mujeres se cuidan igual, y no ha tenido ese mérito.

La **Guemará** finaliza aquí este relato y no dice más. Sin embargo, trataremos de explicar realmente por qué, aunque muchas mujeres cumplían todas las leyes del recato, sólo Kimjit tuvo ese mérito (tener siete hijos *Cohanim Guedolim*).

Dicen los *Jajamim* que ella lo obtuvo porque valoraba cada cosa que hacía y, aunque muchas otras muchas mujeres eran recatadas, no las valoraban como ella. ¿De dónde sabemos que Kimjit valoraba lo que hacía? De lo que ella misma respondió: "Tuve siete hijos *Cohanim Guedolim debido a que nunca en mi vida las paredes de mi casa vieron mi cabello descubierto*"; si ella atribuyó a su recato, es porque lo valoraba.

La Torá, la verdadera felicidad

Un hombre se encontraba en una situación económica muy difícil. En la tienda ya no le permitían llevarse nada más si no pagaba antes la deuda acumulada. Sus hijos lloraban de hambre y el corazón le palpitaba de angustia, ya que cuando la pobreza acecha, muchas veces se rompe la armonía en la casa.[90]

¡Pobre hombre, atacado por todos los frentes!

Un día le dijo a su esposa: "Por favor, prepárame una maleta liviana con lo más necesario: ropa para la semana y ropa para Shabat; iré a la "gran ciudad" y buscaré cómo sustentar a nuestra familia". Poco después, se separaron con oraciones y bendiciones.

---

[90] Maséjet Babá Metziá 49a.

El hombre emprendió su viaje rumbo al bosque para cortar camino y llegar con mayor rapidez a su destino. El Sol comenzaba a ocultarse, y él aún estaba en el corazón del bosque. Escuchaba los rugidos de las fieras que escapaban de las trampas de los cazadores y sentía escalofríos en todo el cuerpo.

Buscó un refugio para pasar la noche en un lugar seguro, y así evitar que alguna fiera lo devorara. Encontró una cueva que se percibía entre las piedras, y se metió dentro. Pudo comprobar que, en su interior, la cueva se hacía más amplia, y que su piso estaba liso, lo que le facilitaba moverse, y entonces cubrió la entrada de la cueva con algunas piedras para que nada ni nadie perturbaran su sueño.

Rezó la oración nocturna, se recostó y se quedó dormido.

Por la mañana, removió las piedras para despejar la entrada de la cueva, y la luz del Sol lo invadió todo. Al interior de la cueva se apreciaban algunos reflejos de luz, por lo cual se acercó y al descubrir lo que ahí se escondía, mientras su corazón casi se detiene: como en los cuentos de hadas, parecía ser el escondite perfecto de algunos asaltantes de los caminos, o la cueva de los piratas. A su alrededor, descubrió montañas de piedras preciosas y diamantes, joyas de todo tipo, y billetes de todos los colores y denominaciones bien ordenados.

En otro sector se encontraban miles de monedas de oro y de plata, así como algunas de cobre. Su corazón latía a toda velocidad, y entonces pensó: "Si me encuentran aquí, será mi final... pero semejante riqueza, y al alcance de mi mano..., podría volver a mi casa, pagar todas mis deudas, comprar una casa nueva y bastante más amplia, y hasta abrir un negocio y llenarlo de mercaderías. Pero ¿cómo puedo hacer para llevarme toda esta fortuna?". Recordó: "¡Tengo mi maleta!". La buscó, la abrió..., y su rostro se oscureció: ¡la maleta estaba llena!, no había espacio para nada más. La ropa para cambiarse la necesitaba y la ropa para Shabat, no hace falta ni preguntar, seguramente también que le hacía falta. Con tristeza cerró su maleta. ¡Qué pena! No tenía otra alternativa.

Con lo que le cabía en las manos llenó sus bolsillos lo más que pudo: un diamante, dos monedas de oro; al menos era algo..., dio media vuelta y se fue...

"¡Torpe!, ¡Qué tonto! Semejante tesoro frente a mí; la posibilidad de enriquecerme en un instante... ¡Pude haber tirado la camisa, deshacerme de los calcetines! Seguro que son cosas importantes, valiosas y necesarias, pero cuando ocupan lugar frente a los diamantes y las monedas de oro, no pueden competir. Con una sola moneda de oro, podría comprar muchas veces la maleta completa...".

Eso es la Torá: cada palabra escrita en ella tiene un valor mucho más grande que cualquier satisfacción en este mundo. Una simple clase de Torá es mucho mayor que todo lo material que podamos conocer.

Sobre esto dijo **David Hamelej**: *"Hanejemadim Mizahab Umipaz Rab, Umtukím Midebash Venófet Tzufím"* - Las que son deseadas más que el oro, y que el oro puro (y) abundante, (son) más dulces que la miel y el gotear de los panales.[91]

[91] Tehilim 19, 10 – 11.

ALEGRARSE CON LA TORÁ

Muchos se hacen la pregunta: ¿Por qué los *Jajamim* implantaron la fiesta de *Simjá Torá* en esa fecha y no en *Shabuot,* que fue cuando realmente recibimos la Torá?

Apenas conocí a mi esposa

La respuesta la daremos con una parábola que relató el **Maguid de Dubna**:

Cuentan de un rey que tenía una hija única. Cuando la joven llegó a la edad para casarse, pidió que le ofrecieran a un muchacho de una familia humilde y sencilla, para no tener la mala cualidad de la presunción; sólo pedía que tuviera buen corazón y buenas virtudes. Sin otra opción para el rey, el enviado salió a conseguir un muchacho con esas características.

Encontraron al muchacho adecuado: sencillo, humilde y con buenas cualidades. Lo trajeron frente al rey, y el monarca le platicó acerca del pedido de su hija. Este hombre no sabía ni qué decir, ya que era un hombre muy humilde y sencillo, y no entendía cómo él podría ser yerno del rey. La boda se realizó con mucha alegría y todos estaban muy contentos.

Después de medio año de casados, llegó este hombre con su suegro -el rey- y le dijo:

—Le voy a pedir algo: quisiera invitarlo a la boda de su hija.

El rey no comprendía, ya que la boda había sido hace medio año.

El muchacho le explicó: "Cuando nos casamos hace medio año, cuando todos cantaban y se alegraban en la fiesta, mi corazón estaba preocupado y confuso, ya que yo no era la persona propicia para estar ahí, y entonces pensé que seguramente su hija tenía algún defecto y por eso me habían elegido a mí para ser su esposo.

Ahora que ya la conozco perfectamente, me he dado cuenta de que es una mujer extraordinaria y con las mejores cualidades; por eso quisiera festejarlo de nuevo con una boda, para alegrarme completamente por la joya que he recibido". Cuando el rey escuchó estas palabras, le concedió su pedido y la boda se volvió a realizar.

La enseñanza es la siguiente: Cuando el pueblo de Israel recibió la Torá, no se alegró completamente, ya que tenían la duda del por qué precisamente a ellos los había obligado Dios a recibirla, habiendo tantas naciones en el mundo.

Pensaron que seguramente la Torá era algo muy difícil de cumplir, con leyes amargas y eso sería casi como un castigo. No obstante, después de que la recibieron y la estudiaron, se dieron cuenta del hermoso regalo que habían adquirido, y era tan dulce como la miel, que todo en el mundo no vale ni una palabra de Torá. Por eso quisieron volver a hacer una fiesta para alegrarse completamente, ya que conocían la hermosa Torá que recibieron.

Y es lo que festejamos en *Simjá Torá,* la alegría de haber concluido la Torá, y una vez conociéndola, no la cambiaríamos por nada.[92]

Segulá para toda la vida

Escribió **Rab Jaim Palagi**: "Todo aquel que se alegra con la Torá en el día de *Simjá Torá,* tiene asegurado que no tendrá obstáculos para poder cumplir la Torá en todas sus generaciones".

[92] Maguid MiDubna (Mejudaim Bepija 103).

Por eso nació así Rab Obadia Yosef

Contó **Rab Yehuda Tzadka,** quien fue *Rosh Yeshivat Porat Yosef,* que el **Jajam Yaakob Obadia** bailaba y se alegraba mucho en *Simjá Torá,* y por ese mérito tuvo un hijo muy especial y mundialmente reconocido: el gran **Rabino Obadia Yosef.**[93]

Sólo con ver la alegría

Sucedió que, en una ocasión, **Rab Yerajmiel Kram** vio a uno de los guardias de la *yeshivá* llevando *kipá* y *tzitzit.* Rab Kram le preguntó por qué estaba usando esas ropas que son tan especiales. El guardia le explicó que los usaba debido a la clase que había escuchado en la *yeshivá* de **Rab Menajem Shaj**.

Rab Kram le preguntó qué había tenido de especial esa clase, y, además, cómo la había entendido, si Rab Shaj sólo daba sus clases en el idioma *Idish.*

El guardia respondió que, aunque no había entendido ni una sola palabra porque no hablaba

[93] Jag Hasukot Behalajá Ubeagadá.

Idish, sin embargo, puso atención, y contó lo siguiente:

"Primero, me di cuenta de que entre dos personas bajaban del auto al Rab Shaj con sumo cuidado, y cada paso que daba lo ayudaban, tardándose mucho en caminar. Entonces pensé: "Si cientos de personas vienen a escuchar a este viejito que apenas puede caminar, seguramente la clase debe tener algo de especial; entraré a escucharlo".

Apenas el Rab Shaj comenzó su discurso, me di cuenta de que había un muchacho como de 18 años muy emocionado y feliz, escuchando con atención cada palabra del Rab, y entonces me pregunté:

— ¿Cómo es posible sentir tanta alegría con sólo escuchar una clase? Y entendí que únicamente puede ser de la Torá. En ese momento decidí en dar un giro de 180 grados y cambiar totalmente.

La dulzura de la Torá

Escribe el **Or Hajaim Hakadosh** algo hermoso:

"No hay nada tan bueno como la Torá, ya que, si las personas pudieran sentir su dulzura y deleite, se sorprenderían y la seguirían hasta alcanzarla, y no se les ocurriría ni pensar en dinero o riquezas, ya que la Torá incluye toda la riqueza del mundo".[94]

Un estudioso de la Torá debe estar feliz por lo que hace

Imaginemos a una persona que está a punto de morir, y uno mismo le hace una curación y lo salva de la muerte, ¿qué tan contento se sentiría? Seguramente mucho. ¿Y cuánta alegría sería si en vez de curar a una persona, cura a un grupo muy grande de personas? ¡Seguramente su alegría sería mayor!

Si la persona supiera que cuando está estudiando Torá todo el mundo se está manteniendo y protegiendo gracias a él, seguramente su alegría sería mucho mayor.[95]

"El objetivo del estudio siempre debe ser tratar de cumplir con lo estudiado"

[94] Or Hajaim Debarim 26, 11.
[95] Jajam Ben Tzión Aba Shaúl.

La Torá salva y protege

La Torá salva y protege

Dicen los *Jajamim* que la Torá tiene la fuerza de salvarnos de los asaltantes, de los enemigos, de animales peligrosos (en los lugares donde frecuentan), de enfermedades, del mal de ojo, etc.

El *Talmud* también afirma: *"Torá Magna Umatzlá"*, La Torá salva y protege.[96] En esta esta sección entenderemos a qué se refiere esto:

Un joven fue con el famoso **Jazón Ish** a pedirle un consejo acerca de una cirugía complicada a la cual sería sometido. El Jazón Ish le sugirió acudir a otro médico para pedir otra opinión y viera cómo tratarse.

Después de unos minutos, este joven le pidió al Jazón Ish si le era posible entablar una conversación de Torá con él, por lo que hablaron durante una hora completa sobre profundos conceptos. El Jazón Ish quedó impresionado por la

[96] Maséjet Sucá 21a.

sabiduría y conocimientos de Torá que este joven tenía.

Finalmente, el Jazón Ish le dijo:

—Referente a la cirugía, ya no será necesaria -aseguró el Rab.

El joven, impresionado por el comentario del Sabio, le preguntó:

—¿Cómo es eso?

A lo que el Rab explicó:

—En un principio te aconsejé pedir otra opinión como si fueras una persona común, pero ahora que te conozco, tengo la impresión de que eres un *Talmid Jajam,* que te esfuerzas en el estudio de la Torá, y que Dios se comporta diferente contigo porque, como cualquier persona común, no necesitas la operación".

Un gran *Jajam* muy importante contó esta historia en la *Yeshivá* de Lakewood, New Jersey, y cuando terminó su conferencia, se levantó un *Jajam* ahí presente, quien expresó:

—Yo soy ese joven, y esa historia me sucedió a mí.

Sin angustias ni preocupaciones

Otro interesante testimonio nos dejó **Rab Abraham Antebi z'l,** quien hace doscientos años fue el Gran Rabino de *Aram Tzobá* en Siria.

Cuenta que en el lugar vivía un hombre de apellido **Ben David**, quien recorría todas las madrugadas el pueblo, llamando a cada puerta para que la gente se levantara. En pocos minutos, la Sinagoga de la ciudad se llenaba y todos juntos recitaban el *Tehilím* palabra por palabra, y luego cantaban el *Shir Hashirim* (El Cantar de los Cantares).

Rab Antebi cuenta así: "Durante todos esos años, brillaba la luz de alegría en todos los hogares. Durante ese tiempo ni una familia supo de amarguras, tristezas o angustias; no se escuchó nunca sobre accidentes o muertes prematuras. La economía era buena y las personas conseguían el sustento con facilidad; los precios eran accesibles y todo el mundo vivía feliz. Sobre aquella generación, se puede aplicar el versículo: "*Quien cuida las mitzvot, no sabe de males*".

Cuando hay mucha *Torá*, hay mucha *Berajá*.

La Torá tiene la fuerza de curar, salvar, proteger, etc.

La Torá no sólo es una ciencia o algo más que nos alegra la vida y nos conduce en el camino correcto, sino también es el arma más fuerte que tiene el *yehudí*. La Torá es capaz de todo: nos otorga curación de la salud, mejoras en todas las áreas de nuestra vida, éxito, etc., ya que todo depende del estudio de la Torá.

Dice el *Talmud*:[97] "¿Qué debe hacer la persona para salvarse de los sufrimientos de la época pre mesiánica?".

Contesta el *Talmud*: *"Que estudie Torá y haga favores con la gente"*. Asimismo, explica que la persona que tenga dolores de cabeza, que estudie Torá; quien tenga dolores del estómago, que estudie Torá… y así de cada parte del cuerpo, ya que la Torá cura a la persona.

El tiempo que permanece en el Bet Hamidrash no entra en esa cuenta

Está escrito en el **Talmud Yerushalmi** algo sorprendente: "Si a alguien le decretan cierta

---

[97] Maséjet Sanedrín 97.

cantidad de años para vivir, el tiempo que permanece en la Sinagoga y en los lugares donde se estudia Torá, no entra en esa cuenta; únicamente cuando sale de ahí vuelve a descontársele el tiempo".

El Jatam Sofer se enojó con su esposa por llevarlo al refugio

Cuentan que el **Jatam Sofer** se encontraba estudiando en épocas de guerra y su esposa le rogaba que abandonara su estudio y se fuera al refugio para protegerse de las bombas y misiles que lanzaba el ejército enemigo.

El Jatam Sofer decía que su Torá lo iba proteger y que no era necesario escaparse de ahí. Después de tanto insistir, su esposa logró sacar al Jatam Sofer de donde estaba estudiando y se lo llevó al refugio para protegerse de los misiles que caían en la ciudad.

Pasaron pocos minutos, y una bomba cayó exactamente en la silla donde se encontraba el Jatam Sofer estudiando. Su esposa, como ya nos imaginamos, le dijo que ella le salvó la vida, pues gracias a que lo sacó, esa bomba no lo mató.

Sin embargo, el Jatam Sofer se enojó, ya que, por culpa de su esposa, su silla y su mesa habían sido destruidas, ya que, si se hubiera quedado estudiando ahí, no hubiera sucedido absolutamente nada, y esa bomba nunca hubiera caído, ya que la Torá los protegía en todo momento.

Donar 100 camas para el hospital

En una ocasión, el **Jafetz Jaim** organizó una reunión con mucha gente adinerada para donar camas para un hospital.

Uno de los hombres más ricos de la ciudad donó 20 camas; la gente estaba muy emocionada y el Jafetz Jaim le rindió grandes honores. Otro hombre decidió donar 40 camas, y toda la gente estaba impresionada por la generosidad del donador. Por supuesto, el Jafetz Jaim lo felicitó delante de toda la gente, pero en ese momento llegó un *Abrej* (persona dedicada a estudiar Torá día y de noche) muy sencillo, y el Jafetz Jaim le dio mucho más honor que a los primeros dos donadores. Le preguntaron al Jafetz Jaim:

—Disculpe, ¿cuántas camas donó este hombre?

Contestó el Jafetz Jaim:

—Este hombre ha donado 100 camas.

La gente no podía creerlo, ya que aparentaba ser un hombre sin recursos económicos.

El Jafetz Jaim les explicó:

—Ustedes donaron 20 y 40 camas para los enfermos. Es decir, habrá enfermos y habrá camas, pero este *Abrej* acaba de donar 100 camas para que haya 100 hombres sanos y no haya necesidad de camas. En otras palabras, donó que no haya 100 camas en el hospital, ya que cuando estudia, está salvando y protegiendo a mucha gente para que no se enfermen y no tengan que ir al hospital.

Les preguntó el Jafetz Jaim:

—¿Qué es mejor? ¿Donar camas para que los enfermos se recuperen, o donar estudio de Torá para que no haya enfermos?[98]

Todos conocemos la respuesta…

---

[98] Hagadá de Pésaj Rab Shlomo Levinshtein hoja 297.

Torá, la mejor medicina

Cuando un doctor receta una medicina, ésta tiene un tipo de veneno que mata la infección dentro del cuerpo, que es la que afecta a la persona.

Por cuanto que el doctor conoce la cantidad de veneno que contiene la medicina, sabe perfectamente la dosis a aplicar, ya que, si se administra de más o de menos, la medicina no funcionaría correctamente.

Después de reconocer la enfermedad, escribe en la receta médica la cantidad adecuada para cada persona. Y es lógico, ya que, si el paciente no sigue las instrucciones del médico, no se curará o se enfermará peor.

De igual manera es la Torá que Dios nos dio. Así como está escrito: *"Ki Aní Hashem Rofeéja" – Porque Yo soy Dios, el doctor.*[99]

La Torá nos dice que nuestro médico es el mismo Dios, quien es el mejor doctor que existe, y Él mismo nos da la receta para curar todas las enfermedades, así como dice el *Talmud*: "A quien le duela la cabeza, que estudie Torá. Al que le duela

---

[99] Shemot 15, 26.

la garganta, que estudie Torá. Al que le duela todo el cuerpo, que estudie Torá".[100] Vemos entonces que la Torá es una medicina que cura cualquier enfermedad.

La diferencia entre las Mitzvot y el estudio de Torá

Escribió el **Gaón de Vilna**: La persona que come *matzá* en *Pésaj,* o se sienta en la *Sucá* en *Sucot,* esta *mitzvá* lo protege y lo salva. No obstante, la persona que come *matzá* en *Sucot,* o se sienta en la *Sucá* en *Pésaj,* o toca el *Shofar* en *Janucá,* no está haciendo nada.

Esto se diferencia del estudio de la Torá: aunque en *Pésaj* se estudien *Halajot* de *Purim,* o en *Janucá* se estudien *Halajot* de *Rosh Hashaná,* cumple con la *mitzvá* de *estudiar Torá.* Y por el mérito de su estudio, se protege y se salva de las cosas malas que pueden llegar al mundo.[101]

---

[100] Maséjet Erubín 54a.
[101] Mejudadim Bepija 101.

El estudio que tuve hoy con mis alumnos, se lo regalo a tu hijo

Cuentan sobre el gran rabino conocido como el **Ta´z** (llamado así por las iniciales de su libro **Turé Zahab**): En una ocasión, llegó una mujer gritando y pidiendo ayuda, ya que su hijo estaba muy enfermo y estaba a punto de morir.

El Rab le respondió que él no era Dios para poder hacer algo, y la mujer le dijo que no estaba pidiéndole que él haga algo, sino que ella estaba pidiendo la Torá del Rab.

El Rab aceptó y le dijo a la mujer:

—Si es así, el estudio que tuve hoy con mis alumnos se lo regalo a tu hijo, y por él mérito de ese estudio, que se cure.

Y en ese momento, el hijo se curó.[102]

Bienaventurada la persona que los sufrimientos le vienen de la Torá

Dice el *Midrash*:[103]

---

[102] Rab Jaim Mi Volojin.

[103] Midrash Rabá Miketz 92.

Dijo **Rab Alexandri**: "No hay ninguna persona que no tenga sufrimientos; bienaventurada es la persona que los sufrimientos le vienen de la Torá".

Esto significa que ciertamente las dosis de sufrimiento se completarán de cualquier manera. Bienaventurado aquel que permanece en el sendero de la Torá, ya que aquellos sufrimientos *—el esfuerzo que muchas veces nos cuesta tanto trabajo—* que le fueron decretados, se llevan a cabo por medio del cumplimiento de las *mitzvot* de la Torá y entonces, por estos sufrimientos recibe un pago enorme y eterno en el Mundo Venidero, y todo ese esfuerzo invertido al haber estudiado y cumplido la Torá, se considerará un enorme mérito.[104]

Operación Tamuz protegida

Hace treinta años, durante el gobierno de **Menajem Beguin**, el Estado de Israel realizó una riesgosa pero necesaria operación en Irán: la destrucción total de un reactor nuclear con un bombardeo aéreo. Con la ayuda de Dios, el resultado fue óptimo; el objetivo fue destruido por completo, y el ejército israelí no sufrió ninguna baja.

---

[104] Kariana Deigarta II, Rab Yaacov Yisrael Kanievsky 32

El **Rab Yaacob Idlshtein** contó que antes de ejecutar la operación, el primer ministro llamó personalmente a **Rabí Israel Abujatsira**, el "**Baba Sali**", y al **Rab Menajem Man Shaj**, y les pidió que rezaran por el éxito de la misión.

El Baba Sali preguntó:

—¿A qué hora comienza la operación?

El premier le respondió:

—A las dos de la tarde.

El Rab le recomendó retrasar la partida de los vuelos dos horas, y así se hizo.

A las cuatro en punto de la tarde, los aviones despegaron para una misión secreta. Los muy allegados a **Rab Israel Abujatsira** supieron del diálogo y le preguntaron por qué retrasó la misión, y con la más absoluta calma, explicó:

—Por lo general, a las dos de la tarde la mayoría de los alumnos de las *Yeshivot* descansan. En cambio, a las cuatro ya todos están estudiando Torá. ¡Esa es la mejor protección que pueden tener los pilotos!

Así fue como esa misma noche, todos regresaron a sus hogares victoriosos y felices, sanos y salvos.

La Torá vence al Yétzer Hará

Dice el *Talmud* que el *Yétzer Hará* (el instinto del mal) va creciendo cada día más y más, y pide matar a la persona. Si no fuera por Dios, no podríamos vencer al *Yétzer Hará.* Es decir, Dios creó al *Yétzer Hará,* al cual nos es imposible vencer nosotros solos.[105]

Y entonces, ¿cuál es la solución para vencer al *Yétzer Hará*? Responde el *Talmud*:

Le dijo Dios al Pueblo de Israel:

—Yo creé al *Yétzer Hará* y también creé la Torá, que es lo único capaz que puede vencer al *Yétzer Hará.*[106]

Los malvados llegarán con Dios a reclamarle que tenían un gran *Yétzer Hará,* pero Dios les dirá que tenían la mejor arma para ganarle la batalla. Ésta es *"La Torá"*.

Analicemos: No está escrito: "Creé el rezo para vencer al *Yétzer Hará*". Tampoco está escrito: "Creé los Tefilín para vencer al *Yétzer Hará*", sino que está escrito: "Creé la Torá para vencer al *Yétzer Hará*",

---

105 Maséjet Sucá 52b.
106 Maséjet Kidushín 30b.

que realmente es lo único que puede vencerlo ante cualquier situación.[107]

La Torá anula los malos pensamientos

Está escrito en el **Midrash**: "Todo el que estudia Torá, sus pensamientos negativos se anulan: pensamientos sobre mujeres prohibidas, pensamientos incitados por el *Yétzer Hará*, pensamientos vanos, etc.[108]

La fuerza de la Torá

Durante la guerra del año 5705 (1945), el autor del gran libro: "Birkat Abraham", el **Rab de Slonim** advertía continuamente a los estudiantes de la *Yeshivá* para que fueran constantes en su estudio, e incluso, de ser posible, que la aumentaran, ya que está escrito en el *Talmud*: *"La Torá nos protege y nos salva, Yo soy una Muralla… ésta es la Tora"*.[109]

Todo lo que ustedes estudien creará una muralla; un escudo defensivo alrededor de los soldados. Y así fue que en esa guerra había, al parecer, una muralla que defendía a nuestros soldados. Si

---

[107] Netibé Or Jaim Shel Torá 79.
[108] Abot de Rabí Nathán 20.
[109] Maséjet Babá Batrá 7b.

aflojamos en el estudio, pondremos a los soldados en peligro…

El **Rab Yejezkel Abramsky** contaba:

—Durante la guerra del 5705, todas las *Yeshivot* cerraron por las vacaciones de *Pésaj*, y ¡yo sentí un gran temor, debido a que los soldados que luchaban en el frente podrían convertirse en *Korbanot* (sacrificios o víctimas), al carecer de la defensa más importante: el estudio de la Torá que faltaba! Cuando llegó *Rosh Jódesh Iyar* (el primer día del mes de *Iyar*), me quedé más tranquilo porque en las *Yeshivot* reanudaron sus estudios.

Nuestros Sabios, de bendita memoria, nos revelaron con su santidad que si todos los pueblos del mundo supieran el bien que desciende sobre toda la tierra gracias al estudio de la Torá, ellos mismos pondrían dos soldados al lado de cada estudiante de Torá para que estudie continuamente y sin ninguna interrupción…

¡Cuán grande es la obligación de cada uno de poner toda nuestra fuerza en el estudio de la

Sagrada Torá y cuidarnos para no debilitarnos, y aún más, cuidarnos de no anular su estudio![110]

"Una Mitzvá es similar a una vela, pero el estudio de la Torá es como una luz. La Torá protege [al hombre], tanto cuando está estudiando como cuando de hecho no lo está haciendo"

(Masejet Sotá 21a)

---

[110] Maayán Hashabúa.

LA FUERZA DE LA TORÁ

Antes y después de que fuera entregada la Torá

En el momento en que **Moshé Rabenu** iba a partir el mar, tuvo ciertas controversias y discusiones con las aguas para que se partieran, ya que el mar sostenía que era más viejo que Moshé Rabenu, y que no lo iba a obedecer.

Moshé Rabenu tuvo que usar el contacto que tenía con Dios y Él hizo que el mar se abriera.

En este contexto, la *Guemará*[111] nos cuenta que **Rabí Pinjás Ben Yair** tenía que cruzar un río para salvar a una persona que estaba en cautiverio, por lo cual les pidió a las aguas que se partieran para poder cruzarlo.

El río no quiso partirse, hasta que Rabí Pinjás Ben Yair se lo ordenó, ya que, si no lo hacía, le iba a decretar que el agua jamás volvería a correr en él. Inmediatamente el río se partió, y Rabí Pinjás Ben Yair pasó.

---

[111] Julín 7a.

Después de cruzar, el río volvió a su cauce y se cerró, pero nuevamente Rabí Pinjás Ben Yair le ordenó abrirse para que pasara una persona que lo acompañaba, y así fue.

Después de que este hombre cruzó el río, Rabí Pinjás Ben Yair volvió a ordenarle al río que se partiera para que pasara otro hombre más que iba con él, y de nuevo, el río se partió.

La pregunta que todos nos hacemos es:

—¿Por qué Moshé Rabenu, con el nivel de su categoría y su profecía no pudo abrir el mar por sí mismo, y Rabí Pinjás Ben Yair pudo hacerlo tan rápido?

Contesta el mismo Or Hajaim, que la diferencia es que Moshé Rabenu no había recibido la Torá, y sin ella era muy difícil hacer este tipo de milagros. No obstante, en la época de Rabí Pinjás Ben Yair la Torá ya se había recibido, y él era un ejemplo de lo que significaba dedicarse al estudio profundo y arduo de la misma.

Dice el Or Hajaim que cuando la persona se dedica al estudio de la Torá, tiene la fuerza de la naturaleza en sus manos, y es capaz de cambiarla, ya que tiene la capacidad de gobernar en el mundo e, incluso, partir el mar.[112]

¿Más que rescatar a toda una ciudad?

Cuenta el **Talmud**[113] que los romanos decretaron que no se permitiera estudiar Torá en cierta ciudad. Uno de los habitantes, llamado **Papus Ben Yehudá**, se encontró a **Rabí Akibá** enseñando Torá en público.

Le preguntó Papus a Rabí Akibá:

—¿Acaso no temes de lo que te puedan hacer los romanos?

Le contestó Rabí Akibá:

—Te responderé con una parábola: "Había un zorro caminando por la orilla de un lago, y al ver a varios peces reunidos, nadando como espantados de un lado a otro. les preguntó: ¿De qué se espantan, por qué se escapan de mí? Le contestaron los peces: ´Debido a que tú vienes por nosotros´. El zorro les aseguró: ´Vengan conmigo, no les haré nada, ya que somos amigos´. Los peces le respondieron: ´No eres tan inteligente como crees,

[112] Shemot 14, 27.
[113] Berajot 61b.

sino un tonto: todo el año hemos temido que alguien nos atrape e intentamos escapar. Ahora, contigo enfrente, con mayor razón no lo haremos'".

—Igualmente sucede con nosotros -le explicó Rabí Akibá a Papus-: Si ahora que estudiamos Torá (que es una *garantía* para tener larga vida) tememos, si no estudiáramos Torá, con mayor razón deberíamos de temer.

No pasó mucho tiempo para que los romanos capturaran a Rabí Akibá y lo encarcelaran por traspasar la palabra del César. Llegó Rabí Akiba a la cárcel y se encontró con Papus, a quien también habían capturado.

Le preguntó Rabí Akibá a Papus.

—¿Por qué estás aquí, en la cárcel?

Le contestó Papus:

—Bienaventurado eres tú, Rabí Akibá, porque que a ti te atraparon por estudiar Torá, y a mí por hacer cosas vanas.

La pregunta es: ¿Qué hizo Papus realmente, dado que el Talmud sólo menciona que lo encarcelaron por hacer cosas vanas?

Está escrito en otra parte del *Talmud*[114] que a la hija del rey la encontraron muerta en el palacio y quisieron hacer un decreto para matar a todos los *yehudim*. Se paró Papus y Lulianus (hermano de Papus), y dijeron que ellos la habían asesinado, con el objetivo de salvar a todo el Pueblo de Israel.

Por esta heroica acción cancelaron el decreto y, sin embargo, a ellos los encarcelaron para matarlos de inmediato.

Esta es la historia del por qué encarcelaron a Papus. Ahora, la pregunta resalta aún más: ¿Acaso salvar a todo el Pueblo de Israel y dar la vida por Dios, se considera como "cosas vanas", como dijo la primera parte del *Talmud* que mencionamos?

Contesta **Rab Shimon Shkop** algo grandioso: "Incluso, si comparamos el estudio de la Torá, salvar a todo el Pueblo de Israel se considera cosas vanas".[115]

Vemos el valor tan grande de estudiar y enseñar la Torá, que representa más que dar la vida por todo el Pueblo de Israel.

---

[114] Taanit 18b.

[115] Introducción del Birkat Shmuel tomo 4.

¿Cómo cumplen las mujeres con el estudio de la Torá?

Tal vez resalta la pregunta: ¿Cómo cumplen y se esfuerzan las mujeres para estudiar la Torá?

Dice el *Talmud,*[116] que las mujeres que mandan a sus maridos y a sus hijos a estudiar Torá, cumplen como si ellas mismas hubieran estudiado Torá con esfuerzo y dedicación. Incluso que el marido haya ido a estudiar y haya perdido el tiempo, a la mujer se le considera como que si hubiera estudiado al máximo.[117]

La Torá tiene la fuerza de revivir muertos

Contaremos algunas historias para entender la fuerza de la Torá, que tiene la capacidad, incluso, de revivir muertos.

Lo mandó a aprender a revivir muertos

Nos cuenta el *Talmud*[118] una historia sobre una mujer que mandó a su marido llamado Rabí Jananiá ben Jajinai, a estudiar Torá durante 12 años. A su regreso, el Rab se presentó en la casa sin

---

[116] Berajot 17a.
[117] Leb Eliahu Vayigash.
[118] Ketubot 62b.

avisar, y cuando la esposa lo vio después de tantos años, sufrió un infarto por la impresión, y murió repentinamente.

En ese momento, como el marido venía con tanta fuerza por estudiar Torá, revivió a su mujer de inmediato.

Preguntó **Rab Mijael Peretz**: "¿Para qué tuvo que hacer Dios todo eso? Si de todas maneras la iba a revivir, ¿para qué la mató?"

La respuesta es: "Dado que la mujer podía haber pensado que mandó al marido a estudiar Torá, y así como él se fue, regresó, Dios hizo que se vaya de este mundo para que ella se diera cuenta de que no sólo mandó a su marido a estudiar Torá y no hizo nada, sino que lo mandó a aprender a revivir muertos con tanta Torá que logró adquirir".

La mejor inversión en su casa

Cuenta el *Talmud*[119] otra historia similar, sobre una mujer que mandó a su marido llamado Jamá bar Bisa a estudiar Torá durante 12 años, y cuando éste llegó, ya no quiso llegar de sorpresa, para que no suceda lo que al Rabino del cuento pasado.

---

[119] Ketubot 62b.

Llegó el Rabino al *Midrash* para que los familiares se vayan enterando de que había regresado. Mientras estudiaba en el *Midrash,* llegó un joven muy inteligente y le empezó a hacer preguntas muy sabias al Rab.

El Rabino vio que este joven era muy sabio y tenía un nivel de Torá muy impresionante.

El Rabino se sintió un poco mal, ya que había dejado a su hijo durante esos años en esta ciudad, que pensó que tal vez si se hubiera quedado con él en vez de irse a estudiar fuera, hubiera sido mejor y hubiera aprovechado más el tiempo con su hijo.

Cuando el Rabino llegó a su casa, la esposa lo recibió muy bien. En la noche, llegó a la casa del Rabino el joven que estaba en el *Midrash*. El Rabino pensó que el joven quería hacerle algunas preguntas, y debido a la categoría e inteligencia del joven, el Rabino se levantó en su honor. La esposa al ver esto, le preguntó:

—¿Desde cuándo los padres se levantan por los hijos?

El Rabino se dio cuenta de que por haberse ido su hijo adquirió tanta fuerza, que incluso se convirtió en un joven muy sabio. Por lo tanto, todo el tiempo que se fue, no fue una pérdida de tiempo, sino una inversión en su casa.

La educación empieza en el ambiente de la casa

Dice la Torá: *"Veasú Lí Mikdash, Veshajánti Vetojám"– Hagan un Altar para Mí, para que Yo pueda morar en ustedes"*.[120]

El gran comentarista **Rashí**, nos aclara sobre este versículo: "No dice: ´Voy a morar en el *Mikdash*´, sino: ´En cada uno y uno de ustedes´".

Al respecto, cuentan los *Jajamim* una parábola: Llega una persona y contrata a un arquitecto para que le haga una casa muy hermosa, y le paga lo suficiente para construir algo muy especial y precioso. Al terminar la obra, el dueño de la casa decide no habitar ahí. Entonces, ¿para qué pidió que le hicieran una casa?

Lo mismo dice Rashí: "El dueño de la casa no va a habitar ahí, sino en cada uno y uno de nosotros. Por lo tanto, surge la pregunta: ¿Para qué Dios nos pidió que construyéramos un *Mikdash,* si al fin de cuentas no va a habitar ahí?"

---

[120] Shemot 25, 8.

La respuesta es: "Para que Dios pose dentro de cada uno de nosotros, debemos construir nuestro propio *Mikdash* en nuestra casa, con un ambiente educativo según lo indican los *Jajamim,* con libros de Torá, con pureza familiar, mencionado las Berajot en voz alta, etc., y así podremos estar seguros de que Dios posará en cada uno y uno de nosotros".

¿Cuál es la Berajá más importante que debemos dar?

Cuenta el *Talmud*[121] que le preguntaron a los *Jajamim,* a los Sabios, a los ángeles y a todo el mundo, el motivo del por qué se había destruido el *Bet Hamikdash,* y el *Talmud* nos dice que nadie tuvo respuesta, hasta que tuvo que venir Dios mismo y contestar:

—Por cuanto que dejaron de estudiar Torá.

Los *Jajamim* nos revelan a qué se refería Dios con Su respuesta, ya que en ese tiempo realmente sí se estudiaba Torá, y así dicen los *Jajamim*: "Por cuanto que no bendecían primero la Torá".

---

[121] Maséjet Nedarím 81b.

Hay quien explica que no le daban la importancia debida a esa *bendición,* y pensaban que la Torá era como una ciencia, y no una forma de vida.

Hay quien refiere que toda la Torá era el medio para que ellos pudieran a cumplir las *mitzvot,* por ejemplo: estudiar la Torá para conocer las leyes de la *Sucá, Tefilín,* etc., sin considerar a la Torá como la importancia misma de estudiarla.

Dice el **Birké Yosef**, que cuando un padre iba a bendecir a su hijo la noche de Shabat, la primera bendición que le daba no era que sea un gran *Talmid Jajam,* o que cumpliera *mitzvot,* sino que le vaya bien en el negocio, que sea guapo, etc., sin darle la debida importancia a la *Torá y a las mitzvot.*

Por este motivo se destruyó el *Bet Hamikdash,* ya que la Torá no era importante ante sus ojos.

Estudia Torá y Dios estará siempre contigo

En una ocasión, llegó con **Rab Meir Jadash** un novio que se casaba en pocos días, para pedirle una bendición y consejos para su matrimonio.

Rab Meir Jadash le dijo:

—Seguramente quieres recibir muchas bendiciones de varios *Jajamim* para tu nueva vida, pero seguramente prefieres una bendición directamente de Dios.

Está escrito que la persona que estudia Torá, la Divina está con él, tal y como está escrito: *"Todo lugar donde recuerdes Mi Nombre, vendré contigo y Te bendeciré"*.

Según esto, te recomiendo que estudies Torá, y Dios estará siempre contigo.[122]

La Presencia Divina está con quien estudia Torá

Dice el *Talmud,* que cuando hay diez personas estudiando, la Presencia Divina está con ellos.[123] Por otro lado, dice: "Dijo **Rabí Yojanán** que cuando Dios hace presencia en el *Bet Haknésset* y ve que no hay diez personas dentro, se enoja.[124]

Vemos entonces que la Presencia Divina de D-os baja al mundo únicamente cuando hay diez personas rezando y si no hay diez personas Dios se enoja. A diferencia de la Torá, que sostiene: *"Incluso, aunque una sola persona esté estudiando, la Presencia Divina estará con él"*.

---

[122] Mishel Abot 3, 6.
[123] Maséjet Berajot 6a.
[124] Maséjet Berajot 6b.

Vemos de esto, de acuerdo a las palabras de **Rab Yejezkel Levinshtein**, la fuerza tan grande que tiene el estudio de la Torá.[125]

"Rabí Jananiá compara a la Torá a una prescripción médica: Si es pura (Zaká), es una medicina sustentadora de vida. Si es impura, entonces puede ser venenosa"

(Yomá 72b)

[125] Pniné Rabenu Yehezkel 2, 12.

ESTUDIO DE LA TORÁ

¿Asignaste tiempos fijos para el estudio de la Torá?

Es muy conocido lo que está escrito en el *Talmud* respecto a lo que le preguntan a la persona a la hora del Juicio Celestial: "*¿Asignaste un tiempo fijo para el estudio de la Torá?*".[126]

Mucha gente quizá responda que no tuvo tiempo, que se ocupó atendiendo a su familia, su negocio, etc., pero en el Cielo le mostrarán cuánto tiempo ocupó (perdió) en jugar con su celular, ver la televisión, escuchar el radio, etc.

Todo aquel que asiste a clases de Torá podrá tener una buena respuesta en el Juicio Celestial.

¿La Mitzvá de estudiar Torá de día y de noche?

Preguntó **Rab Aharón Kotler**:

—¿Por qué existe una *mitzvá* de estudiar de día y de noche (*Vehaguíta Bó Yomám Valáila*)?

---

[126] *Maséjet Shabat* 31a.

Contestó el Rab algo increíble:

—Por cuanto que Dios es *"Tob Umetib"*, es decir, Bueno y Bondadoso, y por cuanto que el estudio de la Torá es la fuente de todas las bendiciones, nos obliga a estudiarla de día y de noche para que seamos beneficiados, ya que cuando la estudiamos, se obtiene más *berajá*".

Soy un Yehudí cualquiera

El **Jafetz Jaim** nunca se sintió superior a los demás, ya que él pensaba que todo lo que él hacía era lo que cualquier *yehudí* debería hacer, y el hacer *mitzvot* y estudiar Torá, no era para presumir.

Así como la persona no presume y no piensa que le corresponde un pago por el hecho de comer, ya que él come y bebe para su satisfacción y su salud, entonces, ¿qué diferencia existe entre la comida que comemos para alimentar el cuerpo físico y la comida para alimentar el alma espiritual?

Por cuanto que la Torá es para nuestra satisfacción y nuestro bien, ¿por qué nos mereceríamos alguna recompensa?

Las pastillas para dormir son para mujeres

En una ocasión llegó una persona con su rabino y le contó que no podía dormir en las noches, por lo cual el médico le había recomendado unos somníferos para que pudiera descansar. Sin embargo, este hombre quería la opinión de su rabino acerca de su situación.

El rabino le dijo:

—Las pastillas para dormir son sólo para las mujeres.

El hombre no sabía cuál era el motivo, así que le preguntó de nuevo a su rabino, quien le explicó:

—El hombre tiene la obligación de estudiar Torá y luego dormir. Por lo tanto, si no puede dormir, que estudie Torá y luego podrá descansar.

Lo principal para el Yétzer Hará, es provocar la falta de estudio

Dijo el **Jafetz Jaim**, que al *Yétzer Hará* (instinto del mal) no le importa que la persona llore, sufra, o haga mucha *Tefilá* todo el día, ya que para él lo principal es que no se estudie la Torá. Por ese motivo, un ángel de Dios vino a luchar con **Yaacov** y no con **Abraham** o **Itzjak**, ya que **Yaacov** es la base de la Torá.

Estudiar con alegría y no por obligación

Si nos preguntamos cómo es posible llegar a ser alguien grande en Torá, no hay duda de que la respuesta es: "Estudiando muchísima Torá durante decenas de años". No obstante, eso no es lo principal, sino los pequeños momentos que tenemos y debemos aprovechar, lo cual podemos ver en la siguiente historia:

Cuando el famoso **Gaón de Vilna** era joven, tuvo un compañero de estudio durante varios años, quien no logró ser un gran erudito como era el Gaón de Vilna, sino que sólo llegó a ser un hombre sencillo y con poca Torá.

Debemos analizar: Si el Gaón de Vilna estudiaba con él, seguramente era una persona dedicada y serio en su estudio, de lo contrario el Gaón de Vilna no hubiera estudiado con él tanto tiempo.

Siendo así, ¿por qué ese hombre no llegó a la categoría del Gaón de Vilna? Esta pregunta se la hizo ese hombre al Gaón después de muchos años, una vez que se convirtió en un Gaón muy reconocido en todo el mundo por su sabiduría y conocimientos en Torá.

Le contestó el Gaón con otra pregunta. "¿A qué hora llegabas tú a estudiar?", a lo que el hombre respondió que llegaba a las nueve en punto y se iba a las siete en punto. Jamás llegaba un minuto tarde, ni se iba un minuto antes. "¡Siempre cumplí con mis horarios!", aseguró el joven.

—En cambio, yo -dijo el Gaón de Vilna-, llegaba cuarto para las nueve y me iba nueve y cuarto. Esa es toda la diferencia…

Quizá no podamos entender que treinta minutos al día hayan hecho una diferencia tan grande entre este hombre y el Gaón de Vilna. De hecho, no eran sólo los treinta minutos, sino el amor que el Gaón tenía por la Torá. El hecho de llegar a estudiar antes y salir después, manifestaba un amor y un cariño a la Torá, que pudo obtener más fuerza e impulso para llegar a ser un grande de Torá en el mundo entero.[127]

Debemos estudiar Torá con mucho amor y no por obligación. Esa es la gran diferencia entre los que

---

[127] Netibé Or Jaim Shel Torá 64.

crecen en la Torá y aquellos que no crecen en Torá, incluso aunque estudien el mismo tiempo.

Ladrón y estudioso

El **Rabí de Gostinin** decía:

—Ladrón no es quien sabe robar, sino el que roba. De igual manera, el estudioso no es el que sabe estudiar, sino quien estudia.

Quién tiene la obligación de estudiar Torá

Escribió el **Rambam**: Todo hombre judío tiene la obligación de estudiar Torá, sea pobre o rico, esté sano o enfermo, sea joven o muy anciano y débil... aunque sea tan pobre y viva de la caridad, y aún quien debe mantener una esposa e hijos, está obligado a dedicar tiempo -por la mañana y por la noche- para estudiar la Torá.[128]

Entre los grandes Sabios de Israel hubo leñadores y aguateros, y algunos de ellos eran ciegos. No obstante, se dedicaron a estudiar Torá día y noche y formaron parte de la cadena de transmisión de la Torá, de una persona a otra, lo que se remonta hasta Moshé Rabenu.

---

[128] Rambam Halajot Talmud Torá 1, 8.

El estudio de la Torá equivale a todas las Mitzvot

El **Gaón de Vilna** explica lo que dice la **Mishná**: *"Vetalmud Torá kenégued kulam" -El estudio de la Torá equivale a todas las mitzvot.*[129]

Cada palabra de Torá es una *mitzvá,* y cada palabra pesa como todas las 613 *mitzvot.* Cada hoja del Talmud tiene cientos de palabras y cada una pesa 613 *mitzvot.*[130]

También escribe el **Gaón de Vilna** que cada palabra de Torá crea un ángel santo que salva a la persona que lo creó. Después de saber esto, ¡cuánto debemos aprovechar el tiempo y dedicarlo al estudio de la Torá!

El día más alegre del año

Dice el *Talmud:*[131] Dijo **Rabí Shimón Ben Gamliel**: *"No hubo días tan buenos para el pueblo de Israel, como el 15 de Av y el día de Yom Kipur".*

Entendemos que el día de *Kipur,* que es el día en que se perdonan nuestros pecados y nos acercamos

---

[129] *Maséjet Peá*, *Pérek* 1, *Mishná* 1.
[130] Aparece en el libro *Orjot Yosher*, hoja 9.
[131] Maséjet Babá Batrá 121a.

a Dios en este día tan especial, pero el día 15 de Av, ¿qué tiene de especial?

El *Talmud* responde con las palabras de **Rabá** y **Rab Yosef**, quienes explican que ese día suspendían el trabajo de cortar leña. ¿Y eso qué tiene de especial?

Dijo **Rabenu Guershom**: "Por cuanto que todo el año no podían estudiar Torá porque estaban cortando leña, ese día -15 de Av- suspendían ese trabajo y tenían la oportunidad de estudiar Torá.

"El hecho de estudiar Torá era lo que provocaba que fuera el día más alegre del año, incluso de la misma categoría que *Yom Kipur*".

Estudiar Torá o cumplir otra mitzvá

Una pregunta interesante: Si se nos presenta la oportunidad de cumplir una *mitzvá* y, por otro lado, tenemos la oportunidad de estudiar Torá, ¿qué debemos hacer?

Si es posible que otra persona cumpla esa *mitzvá,* no debemos interrumpir nuestro estudio de Torá, pero si únicamente la persona puede cumplir con esa *Mitzvá,* que la haga e interrumpa su estudio de Torá.[132]

Sobre esto dice el **Gaón de Vilna**: "Con cada palabra de Torá que se estudia, se cumple una *mitzvá.* Por ello, el estudio de la Torá es más importante que cumplir alguna otra *mitzvá.* Sin embargo, es preferible cumplir decenas o cientos de *mitzvot* a cumplir una sola *mitzvá,* pero si no hay nadie más que cumpla esa *mitzvá,* la persona debe cumplirla e interrumpir su estudio de Torá.[133]

El estudio de la Torá es mayor que salvar la vida a alguien

La ley dictamina que se permite tomar una determinada cantidad de dinero del fondo económico resguardado para el estudio de la Torá, sólo cuando se trata de salvar vidas (por ejemplo, la organización de *Hatzalá,* etc.).[134]

Preguntan los *Jajamim*: ¿Cómo es posible esto, ya que el *Talmud* sostiene que el estudio de la Torá es superior al hecho de salvar vidas?

---

[132] Rambam Halajot Talmud Torá 3, 4.

[133] Shenot Eliahu Peá 1.

[134] Ta´z 251, 6. Ver Maséjet Meguilá 16b, que menciona que es más grande el estudio de Torá, que el hecho de salvarle la vida a otro.

Contestan los *Jajamim* algo precioso: "Es más grande quien estudia Torá y no le llegó la oportunidad de salvarle la vida a alguien, que aquel que tuvo la necesidad de salvarle la vida a alguien, y tuvo que interrumpir su estudio de la Torá".

La persona nació para esforzarse

Está escrito en el **Tanaj**: *"Adam Leamal Yulad" – La persona nació para esforzarse.*[135]

Sobre esto, dice el *Talmud* algo sorprendente:

—Dijo **Rabá:** "Todos debemos esforzarnos en este mundo. Bienaventurada la persona que canaliza su esfuerzo al estudio y cumplimiento de la Torá".[136]

Asimismo, el **Staipeler, Rab Yaacov Yisrael Kanievsky,** explica:[137] "En *Rosh Hashaná* se le decretan a la persona ciertos "kilos"-por así llamarlos-, de sufrimientos, esfuerzos, etc. Bienaventurada la persona que encamina esos esfuerzos al estudio de la Torá".

---

135 Yob 5, 7.
136 Maséjet Sanhedrín 99b.
137 Kariana Deigarta tomo II.

Sabemos que el hecho de despertarse a estudiar Torá, o esforzarse tanto en entender partes difíciles de la Torá, o dejar las actividades personales para estudiar Torá, disminuye la cantidad de sufrimientos y esfuerzos que se hayan decretado.

Seguramente preferimos encaminar esos esfuerzos y sufrimientos -por así llamarlos-, en estudiar Torá y no en enfermedades, dolores, accidentes, etc.

Nosotros nos esforzamos y recibimos pago, pero ellos no reciben pago

Cuando se finaliza un tratado del *Talmud,* se menciona algo difícil de entender.

Decimos: *"Ánu Amelím Bemekablím Sajár, Vehém Amelím Veenám Bekablím Sajár" – Nosotros (los que estudiamos Torá), nos esforzamos y recibimos pago, y ellos (los que trabajan) se esfuerzan y no reciben pago".*

Entendemos que quienes estudiamos Torá recibiremos un gran pago en el Mundo Venidero, pero no se entiende lo que está escrito sobre aquellos que trabajan y se esfuerzan, y no reciben pago. Sabemos que la persona que trabaja recibe un pago, como un sastre que confecciona un traje y recibe un pago por su trabajo.

Sin embargo, cuando estudiamos Torá y nos esforzamos en su estudio, recibiremos el pago si entendimos lo estudiado. Incluso, si no lo entendimos, recibiremos un pago... pero cuando un sastre confecciona un traje, a pesar de que se haya esforzado mucho en hacerlo, si le queda mal o se equivoca en su confección, al final no recibirá su pago.

La diferencia entre el estudio de Torá y el trabajo es una: En la Torá, Dios se fija en el esfuerzo y no en el resultado, a diferencia de cualquier comerciante a quien no le importa el esfuerzo, sino el resultado final.[138]

Estudiar en cada oportunidad

Debemos aprovechar cada oportunidad (cada minuto y cada segundo libre) para estudiar Torá. Incluso que tengamos muy poco tiempo, podemos agarrar un libro de Torá y estudiar, aunque sea

---

[138] Jafetz Jaim.

unos cuantos renglones o, incluso, algunas cuantas palabras.[139]

En la *Yeshivá de Kelem* había periodos de cinco minutos de estudio, que eran:

- Después de *Habdalá.*
- En *Shabat*, antes de *Musaf.*

Así como dice el **Tehilim**: *"Tob Li Torát Pija, Mealfé Zahab Vajésef"* – Es *mejor para mí estudiar Torá, que todo el oro y la plata.*[140] Explican los *Jajamim* las palabras de **David Hamélej:** "Incluso estudiar una palabra de Torá, es mejor que todo el oro y la plata del mundo".

No entender el estudio de la Torá y ser mayor de edad

Había una persona de treinta años de edad que jamás estudió Torá, y de pronto tomó la decisión de comenzar una nueva vida con unas horas de estudio de Torá diarias.

Comenzó a estudiar *Jumash* (el Pentateuco) con el comentarista **Rashí,** y les pedía a sus familiares que le ayudaran a entenderlo, ya que no era capaz de

139 Testamento de Rab Alexander Zizkind.
140 Tehilim 119, 72.

estudiar solo, y no le daba vergüenza preguntar lo que fuera si lo consideraba necesario. Después de mucho esfuerzo y tiempo invertido, logró ser un gran sabio en Torá y experto en muchos tratados del *Talmud*.

Debemos saber que todos somos capaces de adquirir conocimientos de Torá y cada uno de nosotros podemos llegar a ser grandes sabios en Torá. Por ejemplo, el famoso **Rabí Akibá** comenzó a estudiar a los 40 años de edad, cuando no sabía absolutamente nada, y llegó a ser de los más grandes *Jajamim* en el pueblo de Israel en toda la historia.

Con cada palabra de estudio de Torá, se cumple una mitzvá

Sobre lo que dijo el **Gaón de Vilna**[141] que cada palabra de Torá se considera como una *mitzvá* muy grande, aprendemos algo muy significativo:

"Cuánto debemos aprovechar cada segundo de nuestra vida para estudiar Torá, ya sea agarrar un libro y leerlo, por lo menos unos minutos, o recordar algo de Torá de memoria, mencionar

---

[141] Shnot Eliahu Peá 1.

algún capítulo de *Tehilim*, etc., (incluso que repita muchas veces el mismo *Tehilim* o el mismo versículo que se sabe de memoria), y no pensar que eso no tiene valor debido a que es poco tiempo. Por el contrario, eso es algo que vale mucho en el Cielo ante los ojos de Dios.[142]

El **Jafetz Jaim** hizo una cuenta muy interesante: Aproximadamente en cada minuto es posible estudiar 200 palabras de Torá, es decir, cada minuto se cumplen 200 *mitzvot*.

Hagamos cuentas de cuántas *mitzvot* se cumplen con 15 minutos de Torá o con una hora de Torá al día, o durante varias horas de Torá a la semana, al mes, al año, etc.: ¡millones y millones de *mitzvot*!

Esta cuenta nos debe motivar para aprovechar cada segundo de nuestra vida para estudiar Torá.[143]

Aprovecha el tiempo

Sucedió con un grupo de personas que le dijeron a un amigo que comiera con ellos y hacer juntos *Zimún* (una pequeña bendición después de comer pan, antes de decir *Birkat Hamazón*).

---

[142] Birkat Jaim 8, 5.
[143] Torat Habait 2.

Este amigo les dijo a los demás:

—Ustedes se prolongan mucho en la comida y hablan palabras vanas; prefiero comer rápido e irme a estudiar Torá.[144]

Esforzarse en la Torá

Para llegar a ser un gran *Talmid Jajam* (estudioso de la Torá), es necesario dedicar mucho tiempo y esfuerzo al estudio de la Torá. Un gran ejemplo de ello es **Jajam Obadia Yosef.**

Contó **Jajam Ben Tizón Aba Shaúl** que cuando era joven estudiaba con **Jajam Obadia Yosef** cada viernes a mediodía. Ambos dejaban de estudiar hasta la tarde de ese día, un poco antes de *Minjá,* para ir a sus casas y alistarse para *Shabat.*

Sucedió en una ocasión que Jajam Obadia Yosef se encontraba tan concentrado en su estudio, que se quedó en el *Bet Midrash* y no se dio cuenta de que ya era muy tarde. El encargado del *Bet Midrash* pensó que ya no había nadie y cerró la puerta con llave.

---

[144] Séfer Jasidim 548.

Jajam Obadia Yosef, después de varias horas, descubrió que ya era Shabat y que estaba encerrado sin escapatoria en la Casa de Estudio.

Desesperado, golpeó tanto y con tanta fuerza la puerta, que los vecinos lo escucharon y fueron a abrirle. Inmediatamente fue Jajam Obadia Yosef a su casa a hacer *Kidush* y la *Seudá* de *Shabat* y, por supuesto, luego continuó estudiando Torá.[145]

Lágrimas y libros

Rab Shlomo Zalman Oyerbaj fue, sin duda alguna, uno de los más grandes Rabinos de nuestra generación. Su sabiduría y buenas cualidades se destacaban sobremanera. Sus hijos contaron que cuando su padre ya era dueño de aquellas características desde muy joven, la fortaleza de su madre en pos de que sus hijos fuesen estudiosos de Torá quedó reflejada en la siguiente historia, la cual eriza la piel:

Resulta que el padre de Rab Shlomo Zalman Oyerbaj, **Rab Jaim Laib**, era un estudioso de Torá muy humilde; su situación era muy apremiante y, ante la falta de las cosas básicas para alimentar a su

[145] *Hiljot Musar* 258.

familia, fue en busca de préstamos, lo cual le sirvió para superar el momento. Sin embargo, la situación empeoraba, ya que al poco tiempo los acreedores golpeaban la puerta de su casa para cobrar, pero al no tener con qué pagar, se llevaban los pocos objetos del hogar que les quedaban. Con el correr de los días, también los objetos se agotaron, y entonces el acreedor quiso llevarse los libros con los cuales Rab Jaim Laib les enseñaba Torá a sus hijos.

En ese momento, su mujer estalló en llanto, y a viva voz clamó: "¡Dios, Tú sabes que todo lo pude tolerar y lo acepté sin reclamos ni quejas, pero esto ya no lo puedo soportar: no permitas que se lleven los libros de Torá con los que mi esposo enseña a mis pequeños hijos!". Aquella imagen que reflejaba el amor a la Torá, quedo acuñada en el tierno corazón del niño Shlomo Zalman, quien desde ese día asumió el compromiso.

El gran nivel de quien estudia Torá

Cuenta el *Talmud*[146] que **Hilel Hazakén** tenía 80 alumnos: treinta de ellos tenían el potencial para que se posara sobre ellos la Presencia Divina, igual

[146] *Sucá* 28a.

que sobre Moshé Rabenu. Otros 30 eran meritorios de que les ocurrieran milagros como a Yehoshúa (que detuvo el Sol durante varias horas por una necesidad de guerra). Y los otros 20, eran medianamente aptos.

El más grande en sabiduría[147] era **Rab Yonatán Ben Uziel**, y el más pequeño de todos en esa área, era **Rab Yojanán Ben Zakai**.

Sobre Rab Yojanán Ben Zakai está escrito que nunca dejó de estudiar y aprenderse todas las *Mishnayot* y *Guemarot,* así como *Halajot, Hagadot,* detalles de la Torá, maneras de estudiar Torá, astrología, el lenguaje de los ángeles, de los duendes y de las palmeras, así como lo que ocurre en el Trono Celestial, etcétera.

Analicemos: Si Rab Yojanán Ben Zakai, el más joven de todos, sabía eso, con mayor razón podemos admirar el nivel de Rab Yonatán Ben Uziel, sobre quien está escrito que mientras estudiaba Torá, quemaba a toda ave que pasaba sobre su cabeza (debido a la mucha santidad que reflejaba hacia el Cielo).

---

[147] Hay quien opina que el más grande de los ochenta, y hay quien opina que de los veinte.

Dios no nos ordenó que fuéramos genios

Un estudiante de una *yeshivá* fue a visitar al famoso **Jafetz Jaim** y vertió su corazón ante él:

—¡Año tras año me siento y me esfuerzo en el estudio, pero no llego a ninguna parte! ¡Después de todo este tiempo, incluso me cuesta comprender apropiadamente una página del *Talmud*!

El Jafetz Jaim le contestó:

—Dios no nos ordenó que fuéramos genios. Él sólo nos ordenó que nos esforzáramos en el estudio de Su Sagrada Torá, lleguemos o no alguna vez a ser grandes eruditos...

Por el estudio de Torá se crean ángeles

Dicen los *Jajamim:* "Quien estudia un capítulo de Torá, crea ángeles que lo protegen, incluso que estudie el mismo capítulo varias veces, va creando ángeles positivos".[148]

---

[148] Vayeesof David "Limud".

El pueblo de Israel es capaz de cambiar su Mazal

Dice el *Talmud*: *"En Mazal LeIsrael"*, es decir, el pueblo de Israel es capaz de cambiar su *mazal* –su destino–.[149]

¿De qué manera? "Por medio del estudio de Torá con profundidad".[150]

No fallar en el estudio de la Torá

Está escrito: *"Im Taazbeni Yom, Yomáim Eezbeka"* – *Dijo Hashem: Si me dejas un día, Yo te dejo dos días.*

Esto se compara a dos personas que estaban unidas y cada quien da un paso hacia atrás para alejarse de su compañero. Incluso, con que cada persona de un solo paso, se están alejando dos pasos, ya que cada quien se está separando del otro.

No permitamos alejarnos de Dios al fallar en el estudio de la Torá.

---

[149] Maséjet Shabat 156.
[150] Prí Megadim Oraj Jaim 47.

¿Pilpalta Bejojmá?

Está escrito en el **Talmud** que una de las preguntas que nos harán en el Cielo después de 120 años es: *¿Pilpalta Bejojmá?* — ¿Profundizaste en la sabiduría de la Torá?

No basta con estudiar escuchando las clases del rabino, sino uno mismo debe estudiar concentrado y llegar a niveles que entienda la Torá a profundidad.

Estudiar concentrado

Está escrito en el **Shulján Aruj**: *"Es mejor rezar poco y con concentración, que mucho sin concentración"*.[151]

Dicen los *Jajamim* que lo mismo aplica para el estudio de Torá:[152] Es muy importante estudiar concentrado, y sin tener el celular prendido, sin interrupciones, etc.

---

[151] Shulján Aruj 1, 4.
[152] Beer Heteb 1, 5 sobre el Shuljan Aruj.

Estudiar con alegría

Es necesario estudiar Torá con alegría y placer. Uno debe demostrar que la Torá es importante para él y es lo que le da satisfacción en la vida.[153]

No olvidar el estudio

Está escrito en el **Shulján Aruj Harab**: *"Todo el que se olvida de lo que estudió, —por cuanto que no repasó su estudio—, es como si estuviera arriesgando su vida, además de que traspasa una mitzvá de la Torá"*.[154]

Es por ello que debemos repasar todo lo que estudiamos.

Que la mujer entienda el valor de la Torá

Es necesario explicarles a las mujeres la importancia de la Torá para que apoyen a su esposo y a sus hijos para estudiar y cumplir la Torá.

No deprimirse si no se tiene éxito en la Torá

Dijo **Rab Israel Kanievsky**, el famoso **Staipeler**: "Cualquier persona, incluso que no haya nacido

---

[153] Lebush 47.
[154] Halajot Talmud Torá 2, 4-5.

muy intelectual o sabio, es capaz de llegar a ser alguien grande en Torá; el problema es que la persona se deprime y cree que no es capaz de llegar a ser alguien grande".

Algunos consejos para entender la Torá:

1. Pedirle sabiduría a Dios.
2. Sobre cualquier detalle que no entienda, que llore de dolor y al final lo entenderá.
3. Que haga favores a los demás.
4. Que se dedique a dar Tzedaká.

Estudiar mucha Torá

El **Zohar** destaca que la *Perashá* de *Nasó* es la más extensa de la Torá, ya que contiene ciento setenta y seis versículos. ¿Tiene esta particularidad algún sentido?

Encontré esta pregunta en un libro que responde explicando que *Perashat Nasó* se lee habitualmente después de *Shabuot*, momento en que recibimos la Torá. El mensaje es claro: Debemos saber que recibir la Torá fue un hecho trascendental, pero que nuestro deber no se acaba allí. La *Perashá* nos dice que después de este evento, el compromiso es aún mayor y la manera de cumplirlo es estudiando más y agregando más tiempo en el estudio de la Torá.

Esta enseñanza nos da la pauta para saber que la manera correcta de servir a Dios es con esfuerzo y sacrificio, sin buscar atajos o caminos más cortos.

Para alcanzar el objetivo correcto, debemos estar dispuestos a recorrer los más largos caminos, lo cual significa más horas dedicadas al estudio. Lamentablemente, en numerosas oportunidades, en lugar de aprovechar esos momentos para elevarnos, nuestra atención está en las manecillas del reloj, esperando la hora de terminar.

Además, esta *Perashá* lleva como nombre *"Nasó"*, vocablo derivado de *"Hitnaseut"* — *elevación y superación*. La principal acción que la Torá ejerce sobre quienes la estudian, es pulir y refinar las cualidades, modales y valores.

- La *Perashá* de *Nasó* tiene 176 versículos
- El Tehilim más grande tiene 176 versículos
- El Tratado de *Talmud* más grande (*Babá Batrá*) tiene 176 hojas.

Eso nos enseña que la persona debe estudiar mucha Torá.

- La palabra *Anenu,* suma 176, que significa "Respóndenos".

Si queremos que Dios nos conteste, debemos estudiar mucha Torá.

Imitar a Dios por medio del estudio de la Torá

La Torá nos exige imitar a Dios. Parte de esta obligación es moldear nuestro intelecto de acuerdo a Sus pensamientos. Ésta es una de las razones de la importancia del estudio y profundización en la Torá, como un esfuerzo para comprender la Voluntad de Dios y hacer que nuestra voluntad imite la de Él.

Una vez que se logra esto, incluso hasta las reacciones naturales reflejarán la Voluntad de Dios: Amar lo que Dios ama; odiar lo que Él odia o que también lo repulsivo para Dios, sea repulsivo para la persona.

Aprender a pensar como Dios

¿Por qué la Torá pone tanto énfasis en el mandamiento de estudiar continuamente?

La explicación más simple y obvia es el aspecto práctico del estudio de la Torá para cumplir correctamente sus leyes. Sin embargo, está claro que la obligación va mucho más allá de conocer la aplicación práctica de las leyes judías. Estudiamos, tanto las leyes aplicables, como aquellas que actualmente carecen de uso práctico, como las leyes del Templo; estudiamos sus derivaciones y fuentes, e incluso estudiamos las opiniones no aceptadas como última palabra de la ley, así como filosofía, misticismo y el texto de la Torá.

Según la creencia judía, el propósito de nuestra existencia es crear una relación con Dios. Con la finalidad de que esta relación sea significativa e íntima, ambas partes deben ser compatibles.

Desarrollamos esta compatibilidad con Dios imitando Sus actos y cualidades. A través del cumplimiento de los mandamientos de la Torá, aprendemos a actuar tal como lo hace Dios, ya que mejorando nuestras cualidades de carácter nos asemejamos a Dios en el Reino de Su carácter.

Sin embargo, la total compatibilidad sólo puede lograrse cuando el intelecto también se desarrolla debidamente, es decir, cuando aprendemos a pensar como Dios.[155]

---

[155] Rab Mordejai Becher, "Gateway to Judaism" páginas 411-412

ESFORZARSE PARA LA TORÁ

Está escrito en el **Talmud**: *"Las palabras de Torá sólo se adquieren a través del sacrificio"*.[156]

Quien realmente quiera adquirir y ser alguien grande en Torá, debe sacrificarse en su estudio. Es decir, debe dar su vida, su tiempo y su esfuerzo para estudiarla hasta lo más profundo.

¿Hacia dónde encaminas tu fuerza?

Solía decir **Rab Yerujam de Mir**:

"Toda persona nace con una fuerza muy especial que lo hace capaz de ser alguien muy grande en el mundo, y cada uno decide hacia dónde debe encaminar esa fuerza. Hay quien la encamina a ser un gran arquitecto, otros la encaminan para ser el mejor doctor, otros deciden ser el rabino más grande de la generación, y otros son capaces de llegar a ser los líderes de la mafia de la ciudad.".

Cada quien decide en qué y dónde ser el más grande e importante. Cada uno de nosotros tiene

---

[156] Berajot 63b.

una gran fuerza para poder llegar a niveles muy altos en esta vida.[157]

No basta con estudiar Torá, sino hay que esforzarse:

Dice la Torá: *"Im bejukotay telejú veet mitzvotay, tishmerú vaasitem otam" - Si en Mis caminos se conducirán y Mis mitzvot cuidarán."*[158]

La Torá escribe una gran lista de todas las *bendiciones* que recibiremos por haber cumplido con este versículo. ¿A qué hace referencia?

Explica **Rashí**: *"Si en Mis caminos se conducirán"*, significa que uno debe estudiar Torá con mucho esfuerzo y dedicación. Y si lo hacemos así, recaerá sobre nosotros esa gran lista de bendiciones.

Un poco más delante, en este mismo versículo, dice: *"Veím ló tishmeú lí, veló taasú et kol hamitzvot haéle..." - Y si no me escuchan y no cumplen con todas estas mitzvot...*[159] Ahí la Torá da una relación de cosas no muy buenas. Explica **Rashí** que se refiere a quien no estudia con esfuerzo y dedicación.

---

[157] Daat Torá sobre Shabuot.
[158] Vayikrá 26, 3.
[159] Vayikrá 26, 14.

Esto significa que, incluso si la persona estudia Torá, pero no se esfuerza en ello, no está cumpliendo con lo que Dios le pide.

El álbum de estampas de Rab Mordejay Gifter

Desde pequeños debemos ponernos metas grandes para poder llegar a cumplirlas. Así fue como sucedió con **Rab Mordejay Gifter**:

Hace muchos años, en Estados Unidos hubo una época en que se coleccionaban fotos de diferentes Rabinos para pegarlas en un álbum. Un niño llamado Mordejay Gifter, tenía el álbum y empezó a llenarlo, pero lo más extraño fue que de todo el álbum, dejó intencionalmente un espacio vacío, sin ninguna fotografía.

Cierto día, los padres de este niño tomaron el álbum de su hijo y vieron que, en lugar de poner la fotografía de un Rabino, en ese espacio, había una nota escrita por su hijo que decía:

"Mordejay: si estudias bien y te esfuerzas en el estudio de la Torá, estarás dentro de este álbum. De lo contrario, estarás fuera de él".

Este pensamiento de ese niño tan pequeño fue lo que lo impulsó y le dio la fuerza para ser lo que llegó a ser: *"Un gran Rab reconocido en el mundo de la Torá"*.[160]

Los que utilizan su mano derecha tendrán la vida

Está escrito en el *Talmud*: *"Quienes utilizan su mano derecha, tendrán vida; pero quienes utilizan la mano izquierda, tendrán la muerte"*.[161]

Aparentemente esto no se entiende. ¿Sólo por utilizar la mano derecha o la izquierda alguien puede recibir un castigo o un pago de Dios…? Para entender esta parte del *Talmud,* explicaremos lo que significa utilizar la mano derecha o izquierda.

Sobre esta parte, **Rashí** explica:

"¿Quiénes son los que ocupan su mano derecha? Aquellos que se dedican con todas sus fuerzas y se ocupan en descubrir los secretos de la Torá, así como uno utiliza su mano derecha, que es la principal".

Aprendemos de aquí, que incluso aquellos que *"utilizan la mano izquierda"*, es decir, los que estudian Torá, pero no la consideran su prioridad,

---

[160] Alenu Leshabeaj Bereshit hoja 118.
[161] Shabat 88b.

sino lo secundario (así como la mano izquierda es la débil y no se utiliza), no tendrán vida, sino lo contrario.[162]

Pararse por un bebé que sabe toda la Torá

La ley exige que debemos pararnos frente a un rabino muy grande debido a que dedica su vida al estudio de la Torá.

En el *Talmud* está escrito que cuando un bebé se encuentra dentro del vientre de su madre, un ángel le enseña toda la Torá, y cuando la madre da a luz, el ángel toca la boca del bebé y le hace olvidar todo lo que aprendió.[163]

Según lo anterior, deberíamos pararnos ante una madre embarazada, ya que su bebé sabe mucho más Torá que cualquier otro rabino del mundo.

El motivo del por qué no nos paramos delante de ella, es el siguiente: no debemos pararnos frente a un bebé —incluso aunque sepa toda la Torá—, pues la aprendió sin esforzarse porque el ángel se la enseñó.

---

[162] Netibé Or hoja 608.
[163] Nidá 30b.

Al estudio de la Torá que se hizo sin esfuerzo, no se le debe dar el mismo respeto como a un gran *Jajam* que sí la estudió, ya que la Torá que se adquiere con esfuerzo, se valora y se honra.[164]

¿Sabías que no es lo mismo estudiar 100 veces que 101 veces?

Cuentan que cuando el **Gaón de Vilna** era pequeño, estudiaba con un niño de su edad que era más inteligente que él. Cuando crecieron, este niño progresó mucho en Torá, pero no al nivel del Gaón de Vilna.

Su amigo de la infancia preguntó al Gaón de Vilna cómo pudo llegar a ese nivel, ya que él no había podido. El Gaón de Vilna le respondió de la siguiente manera:

—Hay una parte del *Talmud* que dice: "No es lo mismo quien estudia 100 veces, que quien estudia 101 veces",[165] ¿tú crees en eso?

El amigo le contestó que por supuesto que creía en esta parte del *Talmud*.

El Gaón de Vilna le dijo:

---

[164] Netibé Or hoja 610.

[165] Jaguigá 9.

—Yo creí en eso y quise comprobar por cuenta propia si era verdad.[166]

La Torá gratis no la recibo, incluso de los ángeles

Contó **Rab Jaim de Volojin**, que muchas veces, al **Gaón del Vilna** se le presentaban diferentes tipos de ángeles para revelarle secretos ocultos y muy profundos de la Torá, pero en todas esas ocasiones, el Gaón de Vilna los rechazaba y les decía:

—No quiero esa Torá sin esfuerzo, ya que no me interesan si la recibo sin esforzarme.[167]

Yo no quiero regalos

En una ocasión, después de prender las velas de *Janucá*, le dijo el **Rab Mordejay Milkobitz** a sus alumnos que se pararan junto a él, ya que éste es un momento muy propicio para pedirle a Dios lo que quieran en detalles espirituales.

Cada alumno hizo su pedido a Dios. De pronto, se dan cuenta que un alumno no pidió nada: era **Rab Moshé de Kobrin**, que se quedó callado.

---

[166] Mejudadim Bepija 71.
[167] En la introducción del libro Sifrá Letzeniuta.

Le preguntó Rab Mordejay a Rab Moshé, por qué no había pedido nada.

Rab Moshé les contestó, que no quería recibir *"regalos gratis"*, ya que él prefería esforzarse y conseguir sus metas por medio de su esfuerzo, y no por medio de regalos.

Hacer lo posible para no quedarse dormido

Cuentan una historia tremenda, que con ella podemos entender qué es esforzarse al estudiar Torá:

Cierta noche, una persona estaba estudiando Torá y no podía dormir por la angustia de no saber la respuesta a una pregunta que tenía en su estudio. A la mitad de la noche, fue a casa de **Rab Rafael Berdugo** para que le aclarara la duda que tenía.

Cuando quiso salir a la casa del Rab, se dio cuenta que estaba lloviendo y hacía mucho frío, pero de todas maneras decidió ir. Al llegar a casa del Rab, vio algo que lo sorprendió:

Rab Berdugo estaba estudiando Torá y tenía los pies dentro de una tina de agua para no quedarse dormido, y sus patillas *(peyot)* estaban colgadas en la ventana para que, en caso de que se quedara dormido, se despertara inmediatamente y continuara estudiando.

A esto se le llama "esforzarse para estudiar Torá.[168]

No es lo mismo 24, que 12 + 12

Sucedió con el famoso **Rabí Akibá**. Él se había marchado de su hogar durante doce años para estudiar Torá (por supuesto con el permiso de su esposa Rajel). El día que regresó —antes de entrar a su casa—, se sorprendió al escuchar detrás de la puerta que ella decía orgullosa que estaría dispuesta a que él estudiase otros doce años más.

En ese preciso instante, Rabí Akibá volvió a partir, y ni siquiera entró para saludarla.

La pregunta es: ¿Por qué no entró a saludar a su esposa, aunque fuera unos minutos y después volvía a irse?

La respuesta es: No es lo mismo veinticuatro años de estudio ininterrumpidos, que dos periodos de doce. De aquí podemos aprender y tomar dimensión de cuán valioso es cada instante bien

[168] Netibé Or Jaim Shel Torá hoja 242.

aprovechado: la pausa del reencuentro y el saludo, rompen la integridad de veinticuatro años.

No pierdan el tiempo en cosas vanas

También de la historia[169] de **Rabí Shimón Bar Yojai** y su hijo **Rabí Elazar** se puede comprender el valor y la importancia de la Torá. Cuando ellos salieron de la cueva luego de doce años y vieron personas trabajando la tierra, arando, sembrando y cosechando, no lograban comprenderlo. Ambos dijeron:

—¿Cómo es posible dejar de estudiar Torá, nuestro tesoro eterno e inagotable, para dedicarse a producir riquezas y bienes efímeros y pasajeros?

Este es el mensaje que nos debemos llevar, a pesar de que no estamos en el nivel de aquellos Tzadikim: podemos -por lo menos- tener clara nuestra escala de valores, y ver que el Estudio de la Torá está muy por encima de todo lo demás. Por eso, cuando nos dedicamos al estudio, debemos ser cuidadosos de no "manchar" ese tiempo sublime, interrumpiendo para hablar o hacer cualquier otra

---

[169] Maséjet Shabat 33b.

cosa, y mucho menos si eso que decimos o escuchamos contiene *Lashón Hará* (habladurías).

Lamentablemente, diariamente vemos personas hablando de cualquier cosa, perdiendo el tiempo frente a los libros abiertos, y sin duda a esto se refiere la *Mishná*:[170]

Cada día suena una voz Celestial que dice: "Pobres de esas criaturas que humillan a la Torá".

¡Eso es esforzarse por la Torá! Debemos meditar y reflexionar si ¿realmente el tiempo que disponemos lo dedicamos para estudiar Torá como corresponde? Cada instante y momento son importantes y no se pueden desaprovechar.

Hay mucha gente que se siente realizada por escuchar un discurso por aquí, una disertación por allá, pero de nada sirve asistir a grandes charlas o simposios donde se habla de cosas espirituales, para luego no cumplir nada de lo que allí se dijo. Debemos seguir los consejos de nuestros Sabios; lo importante no es sólo escuchar, sino llevar a la práctica todo lo que aprendimos, comprometiéndonos a cumplirlo.

---

[170] Pirké Abot 6, 2.

La persona debe estar totalmente concentrado en el estudio de la Torá

Contó **Rab Tzbi Yabrob**, uno de los alumnos de **Rab Menajem Man Shaj**, que su Rab, (Rab Shaj) había prohibido manejar a los alumnos de la *yeshivá.*

Le preguntaron:

—Referente a los *Abrejim* (las personas que se dedican todo el día a estudiar Torá), ¿cuál es su opinión sobre si pueden conducir un auto o no?

Rab Shaj contestó:

—¡No entiendo su pregunta! ¡Por supuesto que no deben manejar! Dado que la persona debe estar totalmente concentrada en el estudio de la Torá, cuando están manejando es imposible estar pensando al cien por ciento en Torá.

¡614 veces! No hay duda

Una persona quiso "probar" a **Rab Jaim Kanievsky** qué tanto sabía de Torá.

El hombre le preguntó:

—¿Cuántas veces está escrita la palabra *Moshé* en la Torá?

Rab Kanievsky inmediatamente, y con plena seguridad, le contestó:

—614 veces.

El hombre le dijo a Rab Kanievsky que estaba equivocado, ya que había hecho el cálculo en la computadora y ésta marcaba 616 veces. Rab Jaim Kanievsky le dijo al hombre que la computadora estaba equivocada y que la respuesta correcta era 614.

Este hombre estaba impresionado, ya que la computadora nunca se equivoca, y seguramente esta vez no era la excepción.

Rab Jaim le explicó que seguramente había buscado en la computadora las tres letras que conforman la palabra *Moshé,* משה, pero no había puesto los puntos en las vocales. Realmente las tres letras juntas están escritas en la Torá 616 veces, pero en dos de ellas no dice *Moshé,* sino otras palabras. Para demostrar que estaba en lo correcto, repitió los dos versículos que no decían *Moshé*:

1. *"Veím imát habáit mihiót, Misé משה".*

2. *"Shamót Kol Baál Mashé משה Yadó".*[171]

---

[171] Hagadá de Pesaj de Rab Shlomo Levinshtein hoja 100.

Sólo quien se sacrifica por la Torá, como Rab Jaim Kanievsky, puede llegar a este nivel.

Escribe el Ketzot HaJóshen de memoria

En la *Yeshivá* de Mir, cuando **Rab Jaim Leiv Shmuelevitz** estuvo en Shanghai, advirtió que tenían muy pocos libros, y como *Rosh Yeshivá,* ordenó imprimir *Guemarot, Jumashim* y todos los libros necesarios. Hasta hoy en día son muy apreciadas esas ediciones tan antiguas.

Sin embargo, hubo un problema: El libro *Ketzot HaJóshen,* sobre el *"Shulján Aruj", Jóshen Mishpat,* estaba incompleto, y los alumnos le preguntaron a Rab Jaim si lo imprimían así, ya que le faltaban varias hojas al principio.

Rab Jaim Shmuelevitz dijo que él vería qué hacer, y que regresaran en la mañana siguiente antes de rezar. Cuán grande fue la sorpresa de los alumnos al ver que el Rab Jaim seguía sentado en el mismo lugar, sin haberse movido toda la noche, y dijo así:

—Tomen, el libro ya está completo; ya pueden mandarlo imprimir.

¡Lo había escrito de memoria y se quedó toda la noche para terminarlo! No tuvo ni tiempo de dormir...

Años después, ya en Israel, compararon este libro y vieron que, al gran *Rosh Yeshivá,* Rab Jaim Shmuelevitz, no le había faltado ni una sola letra, ¡ni siquiera una coma!

Sólo con esfuerzo es posible llegar a estos niveles de grandeza.

La historia de Hilel Hazakén:

Es famosa la historia de **Hilel Hazakén**, uno de los dirigentes espirituales de Israel en tiempos del segundo *Bet Hamikdash.* Sin embargo, antes de serlo, pasó una extrema pobreza. Cuando logró reunir un poco de dinero, la mitad era para dar de comer a su familia y la otra mitad para poder entrar a estudiar al *Bet Hamidrash.*

Un viernes, no tenía ni un sólo centavo en la bolsa y sufría por no poder entrar a estudiar, ya que sólo pagando se podía entrar (y pensar que algunos de nosotros no vamos a estudiar ni, aunque nos paguen). Subió Hilel a la azotea del *Bet Hamidrash,* y se recostó sobre el tragaluz de vidrio, acercando su oído para escuchar las palabras de Torá.

Escuchaba con muchísima atención las palabras de Torá de **Shemayá** y **Abtalión**, pero era el mes de Tevet, en pleno invierno, y la nieve caía en abundancia sobre el tragaluz.

Hilel no sintió el frío, ya que se regocijaba escuchando las palabras de Torá, hasta que se quedó congelado como un cubo de hielo. Milagrosamente, los *Jajamim* vieron que algo obstruía la luz en el techo, y subieron a la azotea para ver qué pasaba. Rápidamente lo bajaron y se dieron cuenta de que era Hilel, quien se había quedado recostado ahí escuchando sus palabras. Esta es una lección de amor por nuestras Sagradas Escrituras.[172]

El Staipeler se queda dormido en su primera cita con quien fue su esposa:

Cuentan que cuando **Rab Yaakob Israel Kanievsky** (el **Staipeler**) fue a conocer al famoso **Jazón Ish** con el noble objetivo de empezar una

[172] Yoma 35b.

familia y casarse con su hermana, en el primer encuentro con ella, el Staipeler se quedó dormido.

El Jazón Ish le preguntó qué había pasado, y éste explicó:

—Tengo la costumbre de estudiar 36 horas corridas y después duermo las ocho horas necesarias. Aquella vez -continuó-, calculé que estudiaría las 36 horas acostumbradas y dormiría en el tren a Vilna. Sin embargo, al llegar al tren, dudé si los asientos contenían *shaatnez* (la prohibición de usar una tela de lino y lana en los hilos) y no quise exponerme a que mis ropas entraran en contacto con los asientos. Por lo tanto, no dormí toda la noche y me quedé de pie estudiando.

Cuando finalmente conoció a su futura esposa, Miriam Karelitz, no resistió más y se quedó dormido. El Jazón Ish comentó sobre eso:

—De ese sueño, muchos se despertarán en *teshubá*.

No hay quien no tenga sufrimientos

Está escrito en el **Midrash**:

"Dijo **Rab Alexandri** que no existe nadie que no tenga sufrimientos en esta vida, y afortunada la persona que sus sufrimientos son por la Torá".[173]

Sobre esto dijo el **Staipeler**: Desde el Cielo nos destinan a cada uno de nosotros una cantidad exacta de sufrimientos (esfuerzos, pruebas, adversidades y dificultades) que vamos a tener en esta vida y no es posible liberarnos de ellos. Afortunada la persona que pasa esos sufrimientos en la Torá y *mitzvot*, es decir, cuando la persona se esfuerza, lucha, y hace todo lo posible por cumplir la Torá y las *mitzvot*, esos sufrimientos y esfuerzos que pasó, se los descuentan de los sufrimientos que tenía destinados, ya que los usó para el esfuerzo de una *mitzvá*. Pero si la persona no invierte en ese esfuerzo, igual le llegarán los sufrimientos de algún lugar.[174]

Hubiera estudiado más fuerte

Rab Shlomo Eiman, autor del libro "Jidushé Rabí Shlomó", fue un hombre que pasó muchos sufrimientos. Al final de su vida, cuando aumentaron sus sufrimientos y dolores, dijo:

---

[173] Midrash Rabá Miketz Pershat 92.

[174] Kariana Deigarta Jelek 2, 27.

—Si en mi juventud me hubiera esforzado más para entender un "**Tosafot**", quizá ahora no estuviera pasando estos sufrimientos tan difíciles.[175]

Dios sólo nos pide que nos esforcemos

Un estudiante fue una vez con el **Jafetz Jaim** y le abrió su corazón:

—¡Año tras año me siento y estudio, pero no llego a ninguna parte! ¡Después de todo este tiempo, me cuesta comprender apropiadamente una sola página del *Talmud*!

El Jafetz Jaim le explicó:

—Dios no nos ordenó que fuéramos genios. Él sólo nos ordenó que nos esforzáramos en el estudio de Su sagrada Torá, lleguemos o no a ser grandes estudiosos alguna vez.

Lo que importa es el esfuerzo

Los griegos nos legaron una cultura de competencia. Sus olimpiadas eran un escaparate del mejor, el más ágil, el más hábil... Eso ha llegado hasta nuestros días. Sin embargo, ese no es

---

[175] Mishel Aabot Jelek 3.

el espíritu de la Torá. En la Torá se aprecia el esfuerzo realizado.

Visualicemos lo que sucede hoy en día en las escuelas comunes: Un niño que se esfuerza en sus estudios, deja a un lado gran parte de su tarde para dedicarse a realizar la tarea que le dejan en el colegio... empero, sus capacidades lo limitan y se saca solamente un 7 en el examen.

Por otro lado, tiene como compañero a un genio, quien sólo se sienta a estudiar un ratito y obtiene un diez. ¿Quién es el alabado y el admirado? ¿Cómo se siente el niño que se sacó un 7? ¿Cómo se sienten sus padres?

¿Cuál es el mensaje? Se enseña que lo importante es un número, una calificación, un diez... todo lo demás, bueno, se le dará un premio de consolación. Esto no tiene nada que ver con nuestro enfoque. Nada que ver... Sabemos que la victoria y el éxito sólo provienen del Omnipotente. Él quiere nuestro esfuerzo.

Dijeron nuestros *Jajamim,* de bendita memoria: "Si alguien te dice 'me esforcé y no alcancé [la Torá]', no le creas; y si alguien te dice 'no me esforcé y la alcancé', no le creas".[176] Esto nos enseña claramente que el esfuerzo es parte íntegra del logro espiritual, no del coeficiente intelectual.

Se dice, en nombre del **Jafetz Jaim,** lo siguiente:

Si contrato un carpintero, por ejemplo, le pago por la mesa elaborada, no por el esfuerzo que realizó. Si se le rompió el serrucho o si fabricó la mesa en dos días, o en dos horas, no me interesa. Sólo me importa el resultado. A diferencia de lo que pasa con el estudio de la Torá, Dios quiere nuestro esfuerzo, no una cantidad mínima de capítulos estudiados. Eso es lo que recompensa, pues al fin y al cabo Él nos dio el intelecto, la capacidad de concentración, etc.

¿Acaso es lógico que recompense al individuo por algo que él no hizo, sino que recibió Él? Por lo tanto, los padres deben exigir esfuerzo y empeño, más que resultados. A ellos les queda rezar por sus hijos, pues Él da los resultados.[177]

Le pedimos a Dios que nos de la fuerza para esforzarnos en la Torá y así, recibiremos todas las bendiciones del Cielo, *Amén*.

---

[176] Maséjet Meguilá 6b.
[177] Basado en las palabras de R. Zecharia Wallerstein y otras fuentes.

MAJZIKÉ TORÁ: MANTENER LA TORÁ

Durante estos últimos años, hemos visto cómo el nivel económico en las *Yeshivot, Kolelim, Midrashim*, etc., ha bajado mucho.

Anteriormente, la gente apoyaba mucho más a los lugares *Kódesh*. Era más fácil para los rabinos del extranjero juntar dinero para apoyar sus *Yeshivot*.

Vamos a escribir un poco acerca del valor que tiene apoyar al estudio de la Torá, y seguramente después de haber leído este escrito, nos esforzaremos más en apoyar la *Torá Kedoshá*.

Apoyar el estudio de la Torá

Escriben nuestros *Jajamim*, que a la persona que estudia Torá, reposa sobre él una santidad muy grande y lo protegen del Cielo por cualquier acusación que pudiera tener.

¿Qué pasa con la gente que no sabe estudiar Torá?, ¿Cuál es la solución para ellos?

"Quien apoya el estudio de la Torá, también reposará sobre ellos una santidad muy especial del Cielo".

"Quien apoya a los estudiosos de la Torá, se considera como que está estudiando la Torá y el mérito de ésta, lo protegerá mucho".[178]

Así como dice el **Talmud**:

—"Dijo **Rab Yosi,** en nombre de **Rabí Janiná,** en nombre de **Rabí Eliézer Ben Yaakob**: 'Todo el que hospeda a un estudioso de la Torá en su casa, se considera como que acercó un sacrificio'".[179]

En una ocasión, El **Jafetz Jaim** se sorprendió al ver a mucha gente muy sabia e inteligente, quienes se apartaron del estudio de la Torá para irse a trabajar por necesidad económica.

Después analizó el motivo por el cual se sorprendió, y se dijo a sí mismo:

—Los culpables no son esos hombres que ya no estudian Torá, sino las personas adineradas que no

---

[178] Shulján Aruj Yoré Deá

[179] Berajot 10b.246.

los apoyaron para que ellos puedan estudiar Torá.[180]

No vamos a explicar ahora sobre el gran valor de la *tzedaká* (caridad). Sólo para entender qué significa, vamos a definirla resumidamente:

La palabra *tzedaká,* viene de la raíz *"Tzédek"*, que quiere decir: *"Justicia"*. Quien da *tzedaká,* que no piense que está haciéndole un favor a alguien o una donación, sino que lo que está haciendo, es justicia.

La gente con posibilidades debe hacer "justicia" con su dinero y repartirlo donde Dios le pida. Al final de cuentas, la persona no es dueño de su dinero, sino un cuidador del dinero de Dios.

Escribió el **Jafetz Jaim**:[181]

"Qué vergüenza sentirá un hombre pudiente que podía mantener a un estudioso de la Torá, y prefirió gastarse su dinero en cosas tal vez no muy necesarias".

¿Cuánta gente pudo haber estudiado Torá con su apoyo económico y no lo hizo...?

---

[180] Torat Or Pérek 11.
[181] Torat Ot Pérek 11.

¿Cuántas enfermedades, problemas, sufrimientos, etc., pudo frenar este hombre, apoyando a gente que, con su estudio, nos salva de todas esas cosas negativas?

Así como está escrito en la Torá:

—*"Ki Hú Jayéja Veórej Yaméja"* – Porque ella es la vida y alarga los días de la vida.[182] Es decir, la Torá hace que nos mantengamos vivos y sanos.

Este hombre verá a sus compañeros en el Cielo, y le dará una pena enorme verlos mucho más arriba de él, debido a que apoyaron mucho más el estudio de la Torá.

Debemos comportarnos totalmente, al contrario, así como escribe el **Jafetz Jaim** en nombre del *Talmud:*[183]

"Se debe tratar de apoyar la Torá, incluso que no se sepa a quién se le dará. Es decir, incluso que no haya nadie que necesite del sustento ahora, se deberá buscar a gente necesitada para mantenerlos estudiando la Torá.

---

[182] Debarim 30, 20.
[183] Rashí en la Guemará 151b.

Y sabemos cómo a veces la vida les da la vuelta a las personas: un año puede tener mucho, y otro lo contrario (Dios no lo quiera). Entonces debemos aprovechar que cuando Dios nos manda mucho para dar mucho, ya que no sabemos hasta cuándo tendremos ese "mucho".[184]

Izajar y Zebulún

Es conocido el trato que tenían "**Izajar y Zebulún**". Esto quiere decir, que una persona que "mantiene" a un estudioso de la Torá, tendrá el mismo mérito de quien está estudiando Torá.

Esto se aprende de los hermanos Izajar y Zebulún, así como dice el versículo: *"VeliZbulún Amar: Semaj Zebulún Betzetéja VeIzajár Beohaléja" – A Zebulún dijo: "Alégrate, Zebulún, cuando salgas, y tú, Izajar, en tus tiendas"*.[185]

Los *Jajamim* explican sobre las palabras: *"Alégrate Zebulun cuando salgas"*, esto quiere decir, que cuando Zebulún salga (se vaya) de este mundo, se irá alegre, ya que estará dejando a Izajar estudiando Torá y Zebulún recibirá un gran pago sobre esto.

---

[184] Jatimat Haséfer Jomad Hadat del Jafetz Jaim.

[185] Debarim 33, 18.

Ellos hicieron una *"sociedad"* que Zebulún le daría todo lo necesario a su hermano Izajar, para que no tenga la necesidad de interrumpir el estudio de Torá.

Explica el *Midrash,* que Zebulún le daba de comer en la boca a Izajar, para que no se molestara en pedirle dinero a Zebulún.[186]

Comenta el **Gaón de Vilna** que el versículo menciona primero a Zebulún antes que a Izajar para darle más importancia a Zebulún, incluso que Izajar era el que estudiaba la Torá.[187]

Por el mérito de mantener la Torá

Dice el Talmud: *"Shloshá Maftejót Lo Nimserú Beyád Shalíaj: Maftéaj Shel Gueshamím, Maftéaj Shel Yolédet, Maftéaj Shel Tejiát Hametím" – Tres llaves no fueron entregadas al mensajero: La llave de las lluvias (del sustento), la llave del parto de las mujeres, y la llave de la resurrección de los muertos.*[188]

Vamos a explicar esta parte del **Talmud**:

---

[186] Midrash Rabá Perashat Nasó.
[187] El Gaón en Debarim 33, 18. Bereshit Rabá 99.
[188] Taanit 2a.

"Sobre tres cosas Dios se encarga personalmente y no manda a ningún mensajero...".

Estas son: el sustento de la persona, que la mujer de a luz con bien, y la decisión de quién se levantará en la resurrección de los muertos.

Si las decisiones fueran tomadas por algún mensajero sería muy difícil, o incluso hasta imposible. ¿Por qué? Si alguien no se comporta según la ley estricta de la Torá, el mensajero no daría oportunidades y no le mandaría sustento a esta persona, o hubiera mandado muchos sufrimientos al dar a luz, ya que es un momento muy delicado. Igualmente, la llave de la resurrección de los muertos, si fuera decidido por un mensajero, sería muy difícil pasar la prueba tan rigurosa que éste pondría. Sin embargo, con la benevolencia de Dios, Él nos ayuda y nos manda el sustento, que nazca bien un bebé y que nos levantaremos en la resurrección de los muertos.

Al respecto, el **Jafetz Jaim** nos dice algo sorprendente:[189]

—¿Cuál es el mérito que Dios encontrará en nosotros para darnos esas llaves?

---

[189] Jatimat Hasefer Jomad Hadat del Jafetz Jaim.

Contesta el mismo Jafetz Jaim:

"El hecho de haber apoyado la Torá con dinero", así como dice el **Talmud:**

"Por medio de este mérito, la persona se levantará en la resurrección de los muertos".[190]

La inflamación de los pies

Rab Shelomó Levinshtein sufría de una inflamación en los pies, por lo cual una vez cada dos meses la hinchazón le provocaba fiebre. Esto lo obligaba a estar postrado en la cama por varios días, ya que la incapacidad para hacer sus actividades cotidianas y los tratamientos aumentaban el sufrimiento del Rab.

Faltando pocos días para la festividad de Purim, el dolor era insoportable y la temperatura le comenzaba a subir. Sin embargo, la obligación de ir a hacer *Tefilá* venció al dolor y rengueando se fue al *Bet Haknésset*. Delante de él estaba sentado el **Rab Kovalevsky,** *Rosh Yeshivá* de *Adrat Mélej*. En ese momento, a Rab Shlomó se le ocurrió aprovechar la oportunidad y se dirigió al Rab Kovalevsky, y le

[190] Ketubot 111.

entregó una cantidad de dinero que traía con él. Asimismo, le dijo:

—Esta cantidad es para donar un día de estudio en tu *Yeshivá,* y que sea para que Dios me conceda curación completa.

Ese mismo día, los dolores cesaron. Al día siguiente, vio que la *tzedaká* había funcionado, por lo cual nuevamente se dirigió al Rab y le ofreció una cantidad mensual que funcionaría como su "seguro médico". ¡Y así fue, a partir de entonces las dolencias desaparecieron!

Después de dos años, los pies del Rab Shlomó Levinshtein comenzaron a inflamarse y, por lo tanto, de inmediato se dirigió a la *Yeshivat Adrat Mélej* a preguntar si los donativos estaban llegando a tiempo.

El tesorero revisó la cuenta bancaria y encontró que ese mes, debido a un error en el sistema, el banco había suspendido la transferencia de los fondos que se hacía en forma automática.

El que no sabe estudiar

La siguiente ley está escrita en el **Shulján Aruj** (Código de Leyes Judías):

"Toda persona tiene la obligación de estudiar Torá, ya sea pobre, rico, joven o anciano; todos deben estudiar Torá noche y día. Quien no puede hacerlo porque no sabe o porque no tiene tiempo, si logra que otros estudien se considerará como si él hubiera estudiado".[191]

Aquí vemos algo muy grande: Incluso que una persona no tenga la oportunidad de estudiar Torá, puede llegar a la misma categoría de alguien que se esfuerza y se entrega en cuerpo y alma al estudio por el simple hecho de apoyar a otros monetariamente. ¡Realmente es algo impresionante!

Por dar dinero a los Jajamim, ellos me enseñaron Torá

Contó **Rab Yeshayá Jashín** una historia increíble:

Escuché una historia de un alumno que lo escuchó directamente de su maestro, el **Jafetz Jaim**:

Una persona fue a preguntarle a **Rab Jaim de Volojin** una duda sobre una *mitzvá de Kilaím* (un tema muy complicado en la Torá), pero por cuanto

[191] Shulján Aruj, Simán 246.

que era tan difícil, ni el mismo Rab Jaim de Volojin pudo contestarla.

En esa noche vino en sueños a Rab Jaim de Volojin un sencillo sastre que ya había muerto hace algunos años, y todos sabían que no era una persona muy inteligente ni sabio en Torá. Tras analizar este sueño, encontraron la respuesta a la pregunta sobre el tema de *Kilaím* de la siguiente manera:

En su sueño, le preguntó Rab Jaim a ese hombre:

—Tú eras un hombre sencillo y no tan sabio cuando vivías, ¿de dónde sabes estudiar con tanta profundidad y mucho mejor que yo?

Le contestó el sastre:

—Cuando yo vivía, tenía una alcancía donde guardaba el dinero que ganaba; la mitad lo repartía a los *Jajamim* que estudiaban Torá, y la otra mitad la usaba para mis gastos. Ahora que me encuentro en este mundo, todos esos *Jajamim* que yo mantuve me enseñan Torá, y tengo el mérito ahora de ser un gran *Jajam* y Sabio en la Torá.[192]

---

[192] Dibré Yeshayahu 1, 109.

¿Cómo apoyan las mujeres a la Torá?

El **Talmud** hace una pregunta

— ¿Qué mérito tendrán las mujeres en el Mundo Venidero? Es decir, ¿qué *mitzvá* hace la mujer para adquirirlo?

Contesta el *Talmud*:

"Enviar a sus hijos a estudiar Torá".[193]

Pregunta **Rab Jonathan de Praga**: "¿Cuál es la pregunta que quiere hacer el *Talmud*? Es sabido que las mujeres tienen muchas *Mitzvot* por cumplir, entonces ¿por qué nos pregunta que si las mujeres tienen alguna *mitzvá* para adquirir el Mundo Venidero?

Contesta lo siguiente:

—El *Talmud* sabe que un gran mérito, e incluso de los más grandes que existen, es el estudio de la Torá. Dado que las mujeres están exentas de estudiar Torá, el *Talmud* se hace la pregunta: ¿qué *mitzvá* debe hacer la mujer para tener Mundo Venidero, ya que no estudian Torá?

---

[193] Berajot 17a.

El *Talmud* contesta lo que estamos hablando: Incluso que una mujer no estudie Torá, o no tiene el dinero para mantener a los estudiosos de la Torá, tiene la oportunidad de hacer que sus hijos sí la estudien. Eso es lo mismo que apoyar a gente para que estudie Torá, ya que está provocando que una persona más estudie Torá.

Cuando la mujer ya hizo su trabajo de mandar a sus hijos o a esposo a estudiar Torá, ya cumple con su deber, y del Cielo le consideran como si ella estudió perfectamente ese tiempo, incluso que sus hijos o su esposo no haya estudiado como se debía.[194]

Apoyar al estudio de la Torá o construir un Bet Midrash o Bet Haknésset

El **Talmud** nos cuenta un relato que contiene una gran enseñanza:[195]

Rabí Jamá, el hijo de Janiná, y Rabí Hoshayá iban paseando entre varios *Baté Knesiot* en Lud.

Le preguntó Rabí Jamá a Rabí Hoshayá:

---

[194] Lekaj Tob Jelek 6 página 244 en nombre de Rab Eliahu Lopián (Leb Eliahu Vayigash).

[195] Shekalim 15a.

—¿Cuánto dinero se invirtió en la construcción de estos *Baté Knesiot*?

Respondió Rabí Hoshayá a Rabí Jamá:

—¿Cuánto trabajo se invirtió para esta construcción? ¿No era preferible que la gente estudie Torá y se mantenga con ese dinero, en vez de construirlo con tanta belleza?

Se entiende del *Talmud,* que es preferible donar dinero para mantener la Torá, que en construcciones bellas y hermosas.

Le hicieron la siguiente pregunta al **Jatám Sofér**:

¿Es preferible donar dinero para construcciones de *Baté Knesiot,* o mantener a los estudiosos de la Torá?

Contestó el Jatám Sofér que esa no era una pregunta, ya que está escrito que incluso se puede vender un Séfer Torá para mantener a estudiosos de Torá necesitados, y con mayor razón, utilizar el dinero para apoyar el estudio de la Torá.

Varias maneras de mantener la Torá

Al respecto, hay varias maneras de mantener la Torá:[196]

- Quien le paga a un lugar para poder enseñar Torá a gente pobre, ya que anteriormente se cobraba para enseñar Torá. La gente pagaba para escuchar palabras de Torá, y hoy en día, casi nos tienen que pagar para ir a escuchar una clase.
- Quien mantiene un *Kolel* para que los estudiosos de la Torá no dejen de estudiar.
- Quien le paga a un *Jajam* o estudioso de la Torá para que no tenga que irse a trabajar y pueda continuar estudiando.
- Incluso que sólo se tenga poco dentro de la bolsa, donarlo a lugares donde se estudia y se propaga la Torá, para donar libros de Torá, etc.

Todas estas maneras son consideradas como que se está manteniendo la Torá.

---

[196] Jafetz Jaim en Shem Olam, Pérek 15.

Si no sabe Torá, ¿Qué hará en el Cielo en un nivel tan alto?

Una persona que apoya y mantiene la Torá, tendrá el mérito y pago de sentarse en el Cielo junto a los *Jajamim* que pudo mantener en este mundo.

Contó **Rab Mordejay Man** sobre una persona que toda su vida donó mucho dinero para mantener la Torá, aunque él ignoraba todo acerca de la Torá. En una ocasión, iba a desayunar con el **Rab Yejezkel Abramsky**, un rabino muy importante, pero antes del desayuno decidió ir a escuchar una clase que el Rab daba a todos los alumnos.

Cuando este hombre llegó a la clase, advirtió que todos los alumnos estaban entusiasmados escuchando las sabias palabras del Rab, aunque él no entendía absolutamente nada. El Rab traía pruebas del Rambam, de una *Guemará,* de otra *Guemará,* contradicciones de diferentes opiniones de *Jajamim,* etc.

Este hombre ya estaba cansado y desesperado de escuchar la clase, y deseaba que terminara pronto porque casi se quedaba dormido. Finalmente terminó la clase y empezaron a platicar acerca de las donaciones.

El pago de este hombre, por cuanto que donó tanto para esta *yeshivá,* será tener el mérito de sentarse en el *Shamáim* con **Rab Yejezkel Abramsky**.

La pregunta es: ¿Qué hará este hombre en el Cielo sentado junto a este Rab durante toda la eternidad? Si con treinta minutos ya estaba cansado, ¿qué pasará con la vida eterna? Allá no habrá interrupciones, no habrá hora de comida, ni de trabajo…

La respuesta es la siguiente: Dios personalmente le enseñará toda la Torá del hombre que fue apoyado, por el mérito de apoyarlo.

No sabía que era tan rápido

Como cuentan una historia verídica:

Una persona que donaba mucho dinero para los estudiosos de la Torá, le pidió a **Rab Jaim Mi Volojin** que estudiara *Mishnayot* por él después de fallecer, ya que era de todos conocido que el Rab las estudiaba a profundidad.

En uno de esos estudios, se le presentó una pregunta muy difícil y no pudo seguir estudiando. Se quedó dormido y el hombre que falleció se le presentó en sueños para explicarle perfectamente la *Mishná* que no entendía.

Rab Jaim se dijo a sí mismo:

—No sabía que era tan rápido-, queriendo expresar que fue muy rápido que Dios le haya enseñado tanta Torá tan rápido.[197]

Le pedimos a Dios que nos ayude a valorar esta grandiosa *mitzvá* y por este mérito de apoyar la Torá, D-os tendrá un lugar muy elevado para nosotros después de 120 años, *Amén*.

Rabí Yosé decía: 'Quien hace honor a la Torá será honrado por los hombres, y quien desprecia la Torá será despreciado por los hombres'

(Pirké Abot 4:6)

[197] Escuchado de Rab Shlomo Levinshtein, disco No. 105.

Historias sobre el estudio de la Torá

Los zapatos que demuestran estudio de la Torá

El **Talmud** nos cuenta acerca de los grandes rabinos que caminan de una ciudad a otra para estudiar Torá y, por lo tanto, maltratan sus zapatos en el camino.

Existe una familia que conserva un par de zapatos rotos y viejos para recordar siempre el amor por la Torá de un hombre que usó esos zapatos hace muchos años.

Esos zapatos se encuentran en casa de **Rab Malkiel Kotler**, *Rosh Yeshivat de Lakewood,* que se los heredó su padre, **Rab Shnior Kotler**, que se los heredó su padre, **Rab Aharón Kotler**, que se los recibió de su suegro, **Rab Iser Zalman Meltzer**.

La historia comenzó durante la Primera Guerra Mundial, cuando los jóvenes que estudiaban en las *yeshivot* de Europa tenían que escaparse hacia su casa por la situación de guerra.

Entre ellos, había un joven que estudiaba en la *Yeshivá* de **Rab Iser Zalman Meltzer**, que tomó todas sus pertenencias y se fue caminando a su casa.

¿Por qué se fue caminando y no en transporte? Por cuanto que no tenía dinero para el tren, ni carretas, tardó más de una semana en llegar a su casa, tomando riesgos de ser atrapado por los enemigos, sufriendo mucho en el camino.

Cuando llegó a su casa, tocó la puerta y la familia temía mucho de quién podría ser. Cuando su madre lo vio, se sorprendió y le preguntó por qué había regresado. El joven le contó sobre la guerra que estaba sucediendo en el mundo y que había muchas bombas en la zona.

Le dijo su madre:

—¡Claro que sé acerca de la guerra y de las bombas! ¡Y precisamente por eso te mandé a la *yeshivá,* ya que ésta protege más que esta casa!

El joven escuchó las palabras de su madre e inmediatamente volvió a tomar sus pertenencias y se dispuso a regresar a la *yeshivá.* Dado que estaba cansado del viaje, el regreso le tomó casi dos semanas completas hasta que logró regresar a la *yeshivá*. Los zapatos que ya estaban todos estropeados, después del camino de regreso se rompieron en su totalidad.

El *Rosh Yeshivá,* **Rab Iser Zalman Meltzer**, sabía que este joven había vuelto a su casa, por lo cual se sorprendió al verlo de regreso, pero cuando escuchó el motivo y lo que su madre le había dicho, el Rab sintió mucha alegría y besó al joven, emocionado por la satisfacción de ver en él tanto amor a la Torá, ya que sabía que sería un gran rabino de la generación.

Antes de que el joven comenzara su estudio, Rab Iser Zalman Meltzer miró sus zapatos rotos y le dijo al joven:

—¡Veo que tus zapatos están totalmente rotos y no puedes continuar caminando así! Hagamos un intercambio de zapatos: Dame esos que tienes, y yo te doy unos nuevos.

El joven por supuesto que aceptó, y el cambio se realizó en ese momento.

Rab Iser Zalman Meltzer cuidó esos zapatos y los atesoró por muchos años sabiendo que en esos zapatos había mucho amor y esfuerzo al estudio de la Torá.

Rab Iser Zalman Meltzer le heredó esos zapatos a su yerno, y así se fueron entregando a los hijos de los hijos por generaciones. Lo único que nos falta saber, es: ¿Quién era ese joven que tuvo tanto amor a la Torá?

El Rosh Yeshivat de Ponovitch, **Rab Menajem Man Shaj.**[198]

Amor a la Torá

En una ocasión le preguntó **Rab Shlomo Revivo** a **Rab Menajem Man Shaj** si era conveniente hacer *"Mishmar"* (quedarse a estudiar toda la noche en la *yeshivá*).

Rab Menajem Man Shaj le contestó que no era conveniente, ya al día siguiente estarán muy cansados para estudiar, y era mejor estudiar todo un día bien descansado que a una noche desvelado.

Le expresó Rab Shlomo Revivo a Rab Menajem Man Shaj:

—!Pero yo he visto muchas veces que usted se queda estudiando toda la noche junto con **Rab Israel Kanievsky**!

---

[198] Alenu Leshabeaj Debarim 2 página 519.

Le contestó Rab Menajem Man Shaj:

—¡Nosotros no organizamos *"Mishmar"*; no organizamos quedarnos toda la noche a estudiar, sino que al principio de la noche nos sentamos a estudiar, y cuando nos damos cuenta ya es de día!

El baile de Rabí Akiba Iguer

Cuentan sobre **Rabí Akiba Iguer**,[199] que cada año en *Simjá Torá* subía al *Sefer Torá* en la *Alía* de *Jatán Torá*; y así sucedió durante 50 años.

Después de tanto tiempo siguiendo esta costumbre, cuando Rabí Akiba Iguer estaba por leer la *Berajá* correspondiente, empezó a llorar como un niño. Toda la gente estaba sorprendida, pues no sabían que pasaba y se preguntaban:

—¿Por qué llora nuestro Jajam?

Les dijo Rabí Akiba Iguer:

—Durante más de 50 años he subido a la Torá en *Jatán Torá,* y nunca había tenido el mérito de conocer tan bien a la novia (a la Torá).

Si nos ponemos a reflexionar quién era Rabí Akiba Iguer, nos podríamos desmayar de la

---

[199] Fue quien escribió el Guilión Hashás y muchos otros libros.

impresión. Rabí Akiba Iguer fue uno de los *Jajamim* más grandes que hemos tenido en las últimas generaciones, y si él dijo eso, incluso después de estar estudiando Torá por 50 años, de esforzarse en el cumplimiento de las *mitzvot,* en su apego a Dios, etc., ¿qué podemos decir nosotros? Y es seguro que Rabí Akiba Iguer no lo dijo por exagerar ni para que la gente lo viera, sino que realmente lo sentía.

Debemos preguntarnos a nosotros mismos: ¿Realmente conocemos a la novia?, ¿Cumplimos con lo que nos pide nuestra novia?

Es un hecho que todos nosotros nos alegramos en *Simjá Torá* y estamos felices bailando con la Torá, pero ¿la Torá también está feliz con nosotros?[200]

Hizo una fiesta al acabar el Emek Shehelá

El **Rab Naftalí Tzvi Yehudá Berlín**, mejor conocido como el **Netzíb**, fue el *Rosh Yeshivá* de la afamada Casa de Estudios de *Volojin.* El día en que culminó de escribir uno de sus libros, al que tituló *Emek Shehelá,* hizo una reunión a la que invitó a los alumnos mayores de la *yeshivá* y a varios conocidos.

---

[200] Gulión Mejudaim Bepija ,103 Simjá Torá 5771.

En el transcurso de la reunión y de la comida que allí se sirvió, uno de los invitados le preguntó:

—¿Acaso por escribir un libro hay que hacer una reunión como ésta? ¿Qué necesidad hay para ello? (de la pregunta se puede concluir que no era algo normal, a diferencia de hoy que sí vemos se realizan eventos de presentación).

El Rab le respondió con el siguiente relato:

—Cuando yo era un tan sólo un niño de doce años, no tenía muchas ganas de seguir estudiando Torá. En vano fueron todos los esfuerzos de mis padres, para que deponga mi actitud. Al principio pensaron que cambiando de *moré* la cosa mejoraría, pero no fue así. Aun contratando maestros con una vasta experiencia, tampoco tenía ganas de estudiar.

En cierta ocasión, estando yo en mi cuarto, escuché cómo mi papá le dijo a mamá:

—La verdad es que ya no sé qué hacer: he cambiado de maestro y buscado incentivar a nuestro hijo Naftalí para que se siente a estudiar, y no hace caso. ¿Qué te parece si vemos cómo contratar a alguien que le enseñe un oficio? Algo tiene que hacer en la vida; no creo que esta situación se pueda revertir…

—Al escuchar esta conversación, me asusté de verdad. En aquel entonces no estaba bien visto que un niño trabaje, por lo que corrí a la cocina, donde ellos estaban hablando, y entre lágrimas le dije a mi papá:

—Papá, por favor, dame otra oportunidad, te prometo que estudiaré, te lo prometo de verdad… ¡Y comencé a estudiar de verdad!

Ahora bien, imagínense: ¿Qué hubiera sucedido si no hubiera roto en llanto y hubiese dejado todo como hasta ese momento? Seguramente hubiera aprendido un oficio; seguramente sería un observante de la Torá; no sería un ladrón ni nada parecido. Rezaría tres veces al día como corresponde. Al menos, asistiría a un curso de una hora diaria... así hubiera sido mi vida dentro de la Torá: como un comerciante o profesional correcto.

Sin embargo, si algún día hubiera concluido que al llegar al Cielo después de 120 años, me van a preguntar:

—Sr. Naftalí, usted en vida fue un muy buen sastre, correcto y honesto. Pero, ¿sabe usted que poseía el potencial para escribir un libro de Torá tan profundo, (y también sabemos que escribió muchos libros más). ¿Qué hubiera respondido? ¡El reclamo sería muy importante!

Y bueno, ahora que empecé a estudiar y escribí éste, mi primer libro, ¿acaso no voy a festejar? ¡Al menos ya tengo lo que responder arriba!

¿Quién es el afortunado?

Cuentan que llegó con **Rab Israel de Salant** un hombre que se quejaba de que no podía dormir en las noches por problemas de salud, y eso le estaba afectando mucho.

Le contestó el Rab:

—¡Al contrario, eres un hombre muy afortunado, ya que puedes quedarte toda la noche estudiando Torá y nadie te molestará![201]

Algo similar preguntó el esposo de la Rabanit Jungreis:

—¿Para qué los niños se despiertan en las noches?

Contestó el Rab:

—Para que el padre se despierte por la noche y estudie toda la noche Mientras con una mano da

[201] Torat Haperashá.

vueltas al libro de Torá, con la otra mano mece a su hijo.[202]

La Torá lleva esperando treinta minutos a que vaya a estudiarla

En una ocasión, **Rab Iser Zalman Meltzer** fue a casa de un hombre para arreglar un tema comunitario. Cuando llegó a su casa, el hombre estaba ocupado hablando con otras personas y Rab Iser Zalman Meltzer tuvo que sentarse y esperarlo.

Después de un rato, Rab Iser Zalman Meltzer intranquilo se dijo a sí mismo:

—La Torá lleva esperando treinta minutos a que vaya a estudiarla.[203]

La sirena del casete del Daf Yomí

Esta historia ocurrió en la ciudad de Londres, y su protagonista fue un hombre judío, gran estudioso del *Daf Hayomí* (estudio diario de *Talmud* según un orden mundial), quien asistía diariamente a estas clases sin perderse ninguna, sucediera lo que sucediera.

---

[202] *Vivir Comprometido* de la Rabanit Jungreis.
[203] Bedérej Etz Hajáim 481, 482.

Sus compañeros de estudio comentaban con admiración su absoluta entrega y dedicación en cada clase. La Torá se hallaba en primer lugar en su escala de valores.

Este hombre era dueño de grandes cadenas de fábricas, siendo una de las personas más ricas de Inglaterra. Sin embargo, a la hora exacta en que la clase de *Daf Hayomí* comenzaba, dejaba todas sus ocupaciones de lado como si no existieran, y corría presuroso a su clase.

Muchas veces se quedaba después de una hora comentando con su maestro y sus compañeros acerca de lo estudiado. Sus clientes sabían que debían esperarlo hasta que terminara de estudiar, ya que de ninguna manera podrían molestarlo mientras se encontrara estudiando, pues no serían atendidos.

Con el tiempo llegó a ser un ejemplo para todos los habitantes de Londres por su entrega total e incondicional al estudio de la Torá.

En cierta oportunidad, debió realizar un viaje de urgencia que lo obligó a faltar a su clase. Como no estaba dispuesto a perderla bajo ninguna circunstancia, se llevó un casete con la clase grabada correspondiente a ese día para escucharlo durante el viaje.

En cuanto puso en marcha su auto, apagó todos los celulares y cerró todas las ventanillas para quedar aislado de los ruidos externos, dispuesto a disfrutar sin interrupciones de ninguna índole.

Ya lejos de la ciudad, en medio de la ruta, se topó con un camión de carga que iba delante de su auto a muy baja velocidad. Impaciente, este hombre decidió rebasar al camión que lo estaba demorando innecesariamente, pero en ese momento escuchó la sirena de un patrullero. Entendió que debía volver a su carril para dejarlo pasar primero, porque evidentemente llevaba mayor urgencia, y así lo hizo con premura.

Se mantuvo entonces detrás del camión, esperando que pasara el patrullero. Miró por los espejos de su auto, pero en realidad si bien había escuchado la sirena, no lograba visualizarlo; era claro que no había nadie más en el camino.

Casi al instante, con un ruido ensordecedor debido a la alta velocidad que llevaba y haciendo vibrar no sólo su auto, sino también su propia alma, pasó otro camión con acoplado en sentido contrario al que él viajaba. Sintió un estremecimiento en todo su cuerpo, y su corazón se oprimió en su pecho al tomar conciencia de que, si no hubiera sido por la sirena que le hizo decidir mantenerse en su carril, se hubiera dirigido a una muerte segura, ya que el camión que iba delante de él era tan largo, que no sólo le impedía ver quién venía de la mano contraria, sino que le hubiera sido imposible rebasarlo antes de chocar frontalmente con el otro camión.

Nuevamente intentó visualizar al patrullero que le había salvado la vida, pero no lo encontró. ¡Parecía como si la tierra se lo hubiera tragado! Perplejo, continuó su viaje, y cuando logró tranquilizarse, se dio cuenta de que había dejado de prestarle atención a su *shiur.* Rápidamente retrocedió el casete para escucharlo de nuevo desde el principio, y mientras se repetía nuevamente la grabación, de nuevo volvió a escuchar la sirena... Sin embargo, esta vez se dio cuenta de que este sonido no venía de afuera, sino que formaba parte de la grabación y que acababa de ser protagonista de un increíble milagro.

Al volver a su hogar, decidió investigar el origen del casete que le había salvado la vida.

Averiguando, se enteró de que el mismo había sido grabado en un pequeño *Kolel* (Casa de estudios para hombres casados), en el barrio de Meah Shearim, en Jerusalem, hacia veinticinco años. Por tratarse de un lugar muy pequeño, evidentemente y mientras el Rab daba la clase, paso un patrullero y el sonido de su sirena quedó grabada en el casete sin que nadie lo advirtiera.

Sólo Dios podía saber, 25 años antes, que en el preciso momento en que escuchara ese casete, este hombre salvaría su vida.

De esta historia aprendemos el impresionante pago que Dios otorga a la persona que fija un horario para el estudio de Torá y lo cumple ininterrumpidamente, sin que ninguna situación -por más importante que sea- lo aparte del mismo.

A nadie le es posible saber que cuando fija un momento para estudiar diariamente Torá, y no lo deja de ninguna manera, se está salvando a sí mismo por este mérito.[204]

---

[204] Barejí Nafshí.

La verdadera riqueza

Un hombre quería comprar un gran automóvil, pero su esposa no estaba de acuerdo, ya que iba a despertar la envidia y el mal ojo de los vecinos. Después de discutir entre ellos el tema, no llegaron a ninguna conclusión.

Se acercaron a **Rab Shteinman** para preguntarle sobre este asunto y le presentaron las dos opiniones. El hombre decía que era necesario comprar ese coche y la mujer decía que eso iba a provocar el mal de ojo.

Le preguntó Rab Shteinman a ese hombre:

—¿Acaso te sabes todo el *Talmud* de memoria?

Le contestó que no.

Entonces el Rab le preguntó si se sabía, aunque sea un tratado del *Talmud* de memoria, pero la respuesta fue que no. Incluso no sabía ni un capítulo de memoria.

Le dijo Rab Shteinman:

—Si es así, puedes comprar ese coche... y dile a tu esposa que no tenga miedo de mal de ojo. Si no te sabes todo el *Talmud* de memoria, ni un tratado, incluso no sabes un capítulo de memoria, ¿de qué la gente te va envidiar y mandarte el mal de ojo?

Rabí Yosé dijo: 'Estudia Torá con todo tu esfuerzo, ya que es la única forma de aprenderla'

(Pirké Abot 2:12)

HALAJOT TALMUD TORÁ (ESTUDIO DE LA TORÁ)

- Es una *mitzvá* de la Torá que toda persona estudie Torá según sus posibilidades, ya que, por medio del estudio, podrá llegar a cumplir otras *mitzvot* como es debido y evitar hacer pecados, así como dice el *Talmud*:[205] ′Es más importante el estudio, ya que que lleva a la persona a practicarlo. Por eso es preferible estudiar temas que sean aplicables y frecuentes en nuestros días, como las leyes de *Shabat*, leyes de las *Berajot*, leyes de la *Tefilá*, etc.

- Toda persona tiene obligación de estudiar Torá, sea pobre o rico, persona íntegra y con comodidades, o con problemas y dificultades, joven o anciano. Incluso personas pobres que piden dinero a la *tzedaká* para vivir deben dedicar un tiempo de estudio de Torá, tanto por la mañana, como por la noche.[206]

---

[205] Masejet Kidushín 40.
[206] Rambam Halajot Talmud Torá 1, 1. Shuljan Aruj 246, 1.

- Quien no tiene la posibilidad de estudiar debido a sus ocupaciones comerciales, debe hacerse un tiempo y dedicarlo para estudiar Torá, principalmente *Halajot.* En especial que estudie en *Shabat* y en las fiestas judías.

- Quien realmente no puede estudiar por motivos válidos, ya sea por sus ocupaciones o porque no sabe estudiar, que done dinero a las *yeshivot* y lugares donde estudian Torá, y esto se considerará como si él mismo hubiera estudiado; así como pasó con Isajar y Zebulún, donde Zebulún se dedicaba al comercio y apoyaba a Isajar para que siguiera estudiando Torá, incluso cuando Moshé los bendijo a ellos, comenzó primero con Zebulún y luego con Isajar.

- Personas que donan mucho dinero para que otros estudien Torá, también deben estudiar Torá y no están exentos.

- La persona debe estudiar Torá hasta el día de su muerte.

- Lo principal del estudio de la Torá no es leerla sin entender, sino profundizar en sus palabras, ya que Torá o basta con ello, sino lo importante es llegar a lo más profundo posible.

- La *mitzvá* de estudiar Torá se debe cumplir de día y de noche; no basta con el día o con la noche únicamente, sino *en el día y en la noche*. Dicen los *Jajamim*, que principalmente en las noches se adquiere la Torá, por eso es importante dedicar todas las noches a su estudio, sin perder ninguna noche para estudiarla.[207]

- Debemos cuidarnos mucho de no interrumpir nuestro estudio de Torá. Incluso hay gente que hace ayuno de palabra (no hablan nada más que de Torá) mientras estudian, para no interrumpir absolutamente nada con otros temas.

- Es un gran mérito enseñar Torá a otros, y su pago será muy grande.

- El estudio de la Torá pesa más que todas las *mitzvot* de la Torá, pero, aun así, lo principal es el cumplimiento más que el estudio. Es decir, la finalidad del estudio es para cumplirlo. Según esto, si tenemos una *mitzvá* por cumplir, y tenemos la oportunidad de estudiar Torá, debemos estudiar Torá, a menos que sea una *mitzvá* que su tiempo haya pasado para cumplirla, o no se podrá hacer por medio de otra persona.

---

207 Rambam Halajot Talmud Torá 3, 13.

Por ejemplo, la *mitzvá* de *Lulab,* que debemos cumplir sin estudiar Torá en ese momento.

- Las mujeres están exentas de la *mitzvá* de estudiar Torá, pero sí deben estudiar las leyes que le conciernen. Por ejemplo, las leyes de *Nidá* (pureza familiar), leyes de la cocina (carne y leche), leyes de *Shabat,* leyes de *Berajot,* etc. Por eso ellas deben bendecir en las mañanas la *Berajá* de *Birkot Hatorá,* ya que están obligadas a estudiar sus *Halajot.*

- La mujer que motiva a sus hijos y a su marido a estudiar Torá tendrá un pago muy grande.

- Es una *mitzvá* enseñarles Torá a nuestros hijos.

- Es obligación que en cada ciudad haya maestros de Torá para los niños, ya que del estudio de los niños el mundo se mantiene. Por eso es necesario que cada padre de familia mande a sus hijos a estudiar Torá a partir de los seis o siete años, dependiendo de la capacidad del niño.

- No debemos interrumpir el estudio de los niños, incluso para la construcción del *Bet Hamikdash.* En otras palabras, si llega Eliahu

Hanabí y anuncia que se construirá el *Bet Hamikdash* y se necesita la ayuda de niños y ellos están estudiando Torá, no se les deberá interrumpir.

- Hay muchos lugares donde se estudia *Kabalá*. Nuestros *Jajamim* dicen que no se debe estudiar *Kabalá* sino hasta después de muchos años de estudio del *Talmud, Guemará, Halajot,* ética judía, etc., y después de haber adquirido santidad y pureza.

"Todo aquél que estudia Halajot todos los días, tiene asegurado el Mundo Venidero"

(Meguilá 28b)

Enseñarles Torá a los hijos

Preocuparse por la espiritualidad de nuestros hijos

Hay muchos padres de familia que mandan a sus hijos a una escuela no religiosa únicamente porque les queda cerca de la casa y esto es cómodo para ellos, pero cuando el niño tiene un problema de salud, lo mandan con los mejores doctores, incluso que residan muy lejos, incluso a otro país.

Esto es un error. De la misma manera que debemos preocuparnos por nuestros hijos en su salud, así mismo debemos preocuparnos por su espiritualidad.

Debemos hacer todo lo posible para darles lo mejor en espiritualidad.[208]

[208] Rab Nisim Yaguén.

Primero el padre debe estudiar

Dice el pasuk: *"Veshinantam Lebaneja Bedibartá Bam" - Y les enseñarás a tus hijos, y hablarás de ellas (de las palabras de Torá).*[209]

Dice el **Jatám Sofér**: "El secreto para enseñar a los hijos a estudiar Torá es, primero, que el padre estudie Torá", así como dice el versículo: *"Para enseñar a nuestros hijos, ¡primero debemos estudiar Torá nosotros!"*.

Las lágrimas de su madre

Contaba **Rabí Meir Shapira de Lublin,** que cuando era pequeño, un día se despertó al escuchar el llanto de su madre. El niño fue hasta la cocina y allí encontró a su mamá llorando.

Le preguntó por qué lloraba, y ella le contestó que su llanto se debía a que le habían pagado a un maestro una suma muy grande de dinero para que le enseñara Torá a él durante medio año. Y con todo, parece que tanto dinero no fue suficiente: "Y la prueba de esto, es que hoy el maestro no te está enseñando, cuando en realidad sí debía haber

[209] *Debarim* 6:7.

venido. Para nosotros, ese dinero es mucho y no podemos pagar más…".

El pequeño Meir intentó consolar a su madre: "Si hoy no vino, puede ser que venga mañana…"

— ¿Y qué haremos con el día de hoy desperdiciado? -preguntó la madre. Cuando Meir pudo entender, siendo todavía un niño, que un día sin estudio de Torá era suficiente para provocar el llanto de su madre, comprendió qué tan necesario debe ser estudiar…

Está escrito que no hay que descuidar a los hijos de la gente humilde, ya que de ellos saldrá la Torá de las próximas generaciones. Y resulta así, porque para los padres con escasos recursos es muy difícil pagar los gastos de la educación de sus hijos, y ellos verdaderamente se sacrifican y se privan de muchas cosas, pero pagan por la educación como es debido.

Esta es la causa por la que de ellos salen buenos niños: por el sacrificio, porque los niños entienden la gran importancia que representa para sus padres el estudio de la Torá, y cuánto vale la pena esforzarse e invertir en ella…

También las mujeres deben enseñar Torá

No sólo los hombres tienen la obligación de enseñar Torá a sus hijos, sino también las mujeres. Principalmente ellas son quienes deben apoyarlos, ya que pasan la mayor parte del tiempo con ellos.

Dijo **Jajam Obadia Yosef**:

"La mujer que manda a su esposo a estudiar Torá, tiene pago como si ella misma hubiera estudiado Torá". Si la mujer supiera el valor tan grande de que su esposo estudie Torá, y estuviera consciente del pago que recibirán (ella y él) en este mundo y en el Venidero, ¡a escobazos obligaría a su esposo a estudiar Torá, y hasta limitaría su tiempo de comida sólo para que él se apresurara a estudiar Torá!

Como si ellas misma estudiaron

Escribió **Rabenu Yoná**:

"Que la mujer no olvide rezar por la mañana, tarde y noche, y al final de su Tefilá que pida mucho por sus hijos e hijas para que sean temerosos de Dios y tengan mucho éxito en su estudio de Torá. El principal mérito de la mujer en el Mundo Venidero es que sus hijos sirvan a Dios y hagan Su Voluntad".

Cuando la mujer se encuentre en el Mundo Venidero y sus hijos se conduzcan con temor a Dios, estudien Torá y cumplan las *mitzvot,* se considera como si ella en este mundo hubiera cumplido con todas las *mitzvot* y estará en un lugar muy elevado en el Cielo.

Dice el **Talmud:**[210] "Las mujeres que mandan a sus hijos a estudiar Torá, es como si ellas mismas hubieran estudiado Torá con esfuerzo y dedicación".

Valora la Torá para que la valoren tus hijos

Uno de los consejos para que nuestros hijos amen la Torá, es que nosotros, como padres, la valoremos.

Dijo **Rab Nisim Yaguén:**

"Si valoraras la Torá como a tu trabajo; si amaras la Torá como al helado, nunca estarías cansado ni te dormirías mientras la estudias".

---

[210] *Maséjet Berajot* 17a.

Hacer lo posible para que nuestros hijos estudien Torá

El Padre de **Rab Leib Kalmanovich**, **Rabí Asher**, era un gran rabino que se dedicaba a profundizar en la Torá, pero lamentablemente era muy pobre. Del arduo trabajo que tenía, apenas a duras penas podía mantener a su familia. No tenía mucho, pero tampoco le faltaba nada, ya que se conformaba con lo que tenía.

Una de sus grandes prioridades era la educación de su hijo Leibel'e, quien estaba por entrar al colegio para comenzar su camino en el estudio de la Torá.

Unos días previos a su entrada al colegio, tan emocionado estaba Rabí Asher, que no se le podía hablar de otro tema más que de éste. Inclusive una noche antes, no lograba conciliar el sueño de tanta emoción que invadía su corazón.

"¿Te imaginas que mañana comenzará Leibel'e a estudiar la Torá de D-os?!".

Muy temprano en la mañana, tomó Rabí Asher a su preciado hijo de la mano, y lo entregó en manos del rabino. El tiempo hizo lo suyo hasta que el niño creció, y después de varios años el joven llegó un día con una nota en la mano de parte del Rab, notificando a los padres que en pocos días comenzarían a estudiar el *Talmud,* así que les pedía de favor que enviaran con su hijo un Tratado del *Talmud Babá Metziá.*

Tan grande fue la emoción de Rabí Asher y su esposa al escuchar la gran noticia de que su hijo Leibel'e iba a comenzar a estudiar el Talmud, interactuando con su Rab y sus compañeros sobre las palabras de los *Jajamim* del *Talmud,* que sus mejillas se empaparon de lágrimas. Sin embargo, algo los angustiaba internamente…

¿De dónde iban a sacar dinero para comprar un Tratado del *Talmud* a su hijo, si apenas tenían para los gastos mínimos de la vida diaria?

Pero Rabí Asher pensó y encontró una solución... Al día siguiente, muy temprano por la mañana, salió de su casa al *Bet Hakenésset* para rezar, y enseguida se apresuró a la tienda del relojero para venderle el reloj que su padre le había regalado hace varios años en el día de su *Bar Mitzvá,* a lo que el relojero aceptó y se lo compró a cambio de una suma de dinero no muy grande, pero suficiente para poder comprar ese tomo del *Talmud,* así que se encaminó a la tienda de libros de Rabí Aharón —una tienda no muy surtida— con la intención de poder encontrar ahí el mencionado Tratado.

Grande fue su sorpresa cuando entró a la tienda y se encontró a su esposa negociando con Rabí Aharón sobre ese Tratado del *Talmud Babá Metziá* de tamaño enorme. ¡Justamente el que él pensaba comprar para su hijo!

—¿Qué haces por acá a estas horas tan tempranas de la mañana? -le preguntó Rabí Asher a su esposa.

—¿A qué te refieres, de qué hago acá? Necesitamos ese libro para nuestro querido hijo y vine a comprarlo.

—¿Pero de dónde conseguiste el dinero, si ni si quiera tenemos para pagarle al lechero? -preguntó.

—Seguramente recordarás el chal que me regaló tu madre cuando nos casamos. Bueno, pues se lo vendí a una de las vecinas, y con el dinero que me pagó vine a comprarle este Tratado del *Talmud* a nuestro hijo -replicó su esposa.

Entonces fue que empezaron a discutir pacíficamente y él le dijo a ella:

—A mí me corresponde el mérito de comprarle a nuestro hijo este libro, ya que el padre es el encargado de enseñarle a su hijo Torá.

Por otro lado, ella citó el versículo que dice: *"Veál Titósh Torát Imeja" - No olvides la Torá de tu madre...,* así que me a mí me corresponde comprarle el libro a nuestro hijo".

Al ver Rabí Aharón la discusión entre Rabí Asher y su esposa, les dijo:

—Tengo una idea, si ambos quieren tener el mérito de comprarle ese libro a su hijo, ¿por qué no entonces la compran entre los dos y cada quien paga la mitad?

Ambos accedieron a la idea de Rabí Aharón y entre los dos compraron ese Tratado del *Talmud,* y muy felizmente llevaron el libro en sus manos y se la entregaron con gran devoción y lágrimas en sus ojos a su querido y amado hijo, que a lo largo de los años se convirtió en **Rab Leibel'e Kalmanovich** uno de los *Jajamim* más importantes del mundo.

Estimados padres: Aprendamos de este relato a transmitir a nuestros hijos la Torá y sus valores con mucho amor, cariño y emoción.

INTERRUPCIÓN DEL ESTUDIO DE LA TORÁ

El tema de *Bitul Torá* (interrumpir el estudio de Torá), es un tema muy delicado, ya que las menciones de los *Jajamim* sobre este tema son muy duras. Le pido a Dios, que después de leer este escrito, todos nos esforcemos en este tema.

Dios no cede por interrumpir el estudio de la Torá

Dice el **Talmud**: Dios es capaz de ceder (perdonar) por hacer idolatría, por asesinato e, incluso, por adulterio; pero no perdona por interrumpir el estudio de Torá.[211]

Es tan grave el hacer *Bitul Torá,* hasta el grado que dice el Talmud, que por este pecado pueden morir los hijos.[212]

---

[211] Yerushalmi Jaguigá 1, 7.
[212] Shabat 32b.

Interrumpir el estudio de la Torá

Está escrito en la **Mishná**: *"Élu Debarím Sheadám Ojél Perotehém Baolam Hazé, Vehakeren Kayemet Leolam Habá: Kibud Hab Vahem, Ugmilut Jasidím, Vehabat Shalom Ben Adam Lejaberó. Vetalmud Torá Kenégued Kulam" – Estas son las cosas que la persona que lo realiza, consume de sus frutos (recompensa) en este mundo, y el capital permanece a su beneficio para el Mundo Venidero, y éstas son: El respeto al padre y a la madre, el hacer favores, el atraer la paz entre la persona y su compañero. Y el estudio de la Torá, equivale a todas éstas.*[213]

Así como el estudio de la Torá equivale a todas las *mitzvot* y su pago es tan grande, asimismo aquel que interrumpe su estudio es tan grave, que equivale a todos los pecados.[214]

Vemos que el castigo al que interrumpe la Torá es muy grande. ¿Cuánto debemos de cuidarnos en este tema?

---

[213] Peá, Pérek 1 Mishná 1.

[214] Shaaré Teshubá Shaar 3 Simán 14.

Es tan grave este pecado, que el *Talmud* menciona que por este pecado fue destruido el *Bet Hamikdash*.[215]

¿Por qué hay *Jajamim* que mueren jóvenes? Por cuanto que interrumpieron su Torá y se ocuparon en temas vanos, y también porque cuando volvían a su estudio (después de interrumpir), no empezaban donde se habían quedado.[216]

Rabí Yosef Karo salió a comprar carne y no había

Era un viernes por la mañana, cuando la esposa de **Rabí Yosef Karo** (el autor del *Shulján Aruj*) le pidió a él que saliera a la tienda para comprar carne para Shabat. Debido a que honraba mucho a su mujer, Rab Yosef Karo interrumpió su estudio y salió a comprar carne para Shabat.

Buscó y buscó, y de los tres carniceros que había en la ciudad de Tzfat, uno ya había cerrado su tienda, a otro se le terminó la carne, y al tercero se le echó a perder toda la carne. Sin otra opción, Rabí Yosef Karo tuvo que comprar pescado. El hecho de

---

[215] Maséjet Shabat 119b.
[216] Abot de Rabí Natán 26, 3.

que no hubiera carne en Tzfat, era algo sumamente raro.

En la noche se le presentó un ángel al Rab y le dijo:

—Rabí Yosef: ¡Yo fui quien provocó que no haya carne en todo Tzfat, por cuanto que interrumpiste tu estudio de Torá para salir a comprar carne! Sí, realmente es una *mitzvá* comer carne en Shabat, pero cada palabra de Torá es mucho más elevada que cualquier otra *mitzvá*, por eso, ¡si tú cerraste tu libro, yo te cerré las tiendas!

El Gaón de Vilna lloraba por diez minutos

Cuentan sobre el **Gaón de Vilna,** que en el día de *Yom Kipur* lloraba y se lamentaba por una cuenta que hizo: todo el año interrumpió su estudio de Torá por diez minutos (hay quien dice que no era seguro que interrumpió, sino que tenía la duda de qué hizo esos diez minutos).

Con mayor razón, nosotros debemos mejorar, ya que seguramente interrumpimos mucho más que diez minutos, incluso al día... no al año.

Si eso me provocará interrumpir mi estudio, dejaré de usarlo

En su juventud, el **Rab de Beltz** se encontraba en el *Midrash* y vio cómo una persona se preparaba para encender su pipa, lo cual le tomó algunos minutos. Mientras el hombre llenaba la pipa, el Rab pudo estudiar una hoja del *Talmud* por algunos minutos.

Después de ver cómo pudo estudiar mientras el otro hombre encendía su pipa, decidió ya no fumar, y se dijo a sí mismo:

—No permitiré que esa pipa me provoque interrumpir mi estudio de Torá.[217]

Hoy en día, cada persona sabe cuál es su "pipa", que le quita minutos de estudio de la Torá (el celular, computadora, aparatos electrónicos, etc.).

Estudiar en momentos difíciles y complicados

Dijo **Rab Israel de Salant**: "Cualquier *mitzvá* o pecado que sea fácil de hacer, tiene mucha fuerza. Vamos a explicar: Por ejemplo, alguien que puede estudiar Torá cuando está desocupado -como en

---

[217] Rajamé Ab "Gueut" 11.

Shabat o algún día libre- y no lo hace, es muy grave, ya que esto es peor que alguien que no estudia cuando está ocupado.[218] Por el contrario, a la persona que se le dificulta estudiar, y con todo y sus preocupaciones y problemas estudia, su pago es mucho mayor que estudiar cuando está desocupado.

Quién puede estudiar Torá y no lo hace

Está mencionado muy fuertemente lo que le sucede a la persona que podía estudiar Torá y no lo hizo.

Dice el *Talmud:* "Dios llora por tres personas: una de ellas es quien puede estudiar Torá y no lo hace".[219]

En otro lugar, está escrito: "Toda persona que puede estudiar Torá y no lo hace, Dios le manda sufrimientos feos y terribles".[220]

Cuánto debemos estar conscientes y tener estas frases presentes siempre con nosotros, ya que, si hacemos cuentas y recapacitamos, podemos darnos cuenta de cuántos minutos u horas podríamos

---

[218] Or Israel 31.

[219] Jaguigá 5b.

[220] Berajot 5a.

haber estudiado diariamente y no lo aprovechamos.

Cuentan que una vez, el **Jafetz Jaim** estaba haciendo *Teshubá* en *Yom Kipur* por todo el tiempo que había tenido en el año y no lo había aprovechado para estudiar Torá, y escucharon que en todo el año había perdido ¡18 minutos!

Realmente sí tenemos esa oportunidad: podemos aprovechar el tráfico de la ciudad para escuchar un disco de Torá, tener en nuestra bolsa un pequeño libro para leer algo de Torá mientras esperamos una cita, que comience una reunión, al doctor, etc. Esto lo llegamos a cumplir, si valoramos lo que es "una palabra de Torá".

Hablar cosas vanas

Los *Jajamim* hablan muy duro sobre la gente que habla y platica cosas vanas.

¿Por qué es tan grave? Cuando cada uno de nosotros fue creado, se nos concedió una cantidad de palabras para que podamos hablar en toda nuestra existencia. Cada vez que hablamos algo, hay un ángel que va escribiendo todo lo que hablamos y después, tendremos que rendir cuentas de cada palabra y palabra que dijimos en este mundo.[221]

Dice el Talmud: *"Quien interviene en pláticas vanas, traspasa dos preceptos (una Mitzvá Asé - precepto y una Mitzvá Lo Taasé)"*.[222]

Dice **Rabenu Yoná**: "La persona que dedica un tiempo para platicar y tener una charla de temas vanos, así como la gente que se dedica a "chismear", entra en la categoría de: *"Kat Letzanim"* – Grupo de los payasos".

Y es grave por dos motivos:

- Ya que todo el que aumenta en pláticas vanas, aumentas sus pecados.
- Ya que está provocando interrupción del estudio de Torá, mientras podía haber estudiado y no lo hizo.

Explica **Rabenu Yoná** el por qué es tan grave no estudiar Torá: La persona que tiene tiempo de estudiar y no lo hace, no está consciente de que en esos momentos que hubiera estudiado Torá, podría haber llegado a tener el gusto de adquirir el Mundo

---

[221] Séfer Jasidim Simán 161.
[222] Yomá 19b.

Venidero con su estudio. Si esos tiempos que tenía disponible para estudiar Torá no lo hizo, significa que no valora la *mitzvá* de estudiar Torá.

Incluso un segundo de interrupción es grave

La *Mishná* en **Pirke Abot**, menciona un suceso relacionado a lo que estamos tratando:

"Dijo **Rabí Simón**: Quien va en el camino estudiando e interrumpe para decir: "qué bello está este árbol", está entrando en peligro de vida".[223]

Esto es aplicable en nuestros días cuando estamos estudiando e interrumpimos para ver quién llegó al *Midrash,* o entra una llamada de teléfono, o simplemente le suena el celular a una persona dentro del *Midrash* y desconcentra a todos.[224]

No debemos ser de las personas que "llegan con el último chisme" al *Midrash,* ya que esas charlas y chismes novedosos, causan interrupción del estudio de la Torá.

Si necesitamos algo de alguien que se encuentra estudiando, no debemos interrumpirlo, sino que

[223] Pérek 3 Mishná 7.
[224] Binián Olam 16.

debemos esperar a que termine, y luego pedirle lo que era necesario.

Dicen lo *Jajamim*: "Cuando la persona está estudiando, incluso que alguien estornude, no se le permite decir "salud", ya que está interrumpiendo su estudio".[225]

No sabe igual el estudio de Torá con palabras vanas

Así como debemos cuidar la santidad de los *Baté Knesiot* y *Baté Midrashot,* de igual forma debemos cuidar nuestro estudio de Torá, tanto en los *Baté Knesiot* y *Baté Midrashot,* como fuera de ellos.[226]

Uno de los puntos que debemos cuidar es el hecho de no interrumpir cosas vanas, así como está escrito en el **Talmud:**

"Dijo **Rabí Leví**: todo el que interrumpe su estudio de Torá en cosas vanas, lo consumen carbones ardiendo".[227]

---

[225] Séfer Jasidim 607.

[226] Incluso en la casa o en cualquier lugar, no se debe interrumpir el estudio en cosas vanas (Rabenu Yoná – aparece en el libro Kedushat Bet Haknésset Bet Hamidrash hoja 47).

[227] Jaguigá 12b, Aboda Zará 3b.

¿Cuánto debemos de poner atención en el momento que estudiamos, de no interrumpir en cosas vanas, llamadas de celular, cambiar a temas vanos, etc.?

Vamos a mencionar una parábola para entender mejor el "duro castigo" que menciona el *Talmud*:

Una persona le trajo al rey un platillo muy fino y exquisito, pero dentro de éste tenía una porción de tierra. ¿Este hombre va a recibir pago por este platillo? ¡Por supuesto que no! Aunque el platillo es rico, fino y exquisito, dentro de él contiene algo feo y repugnante. Igualmente, quien mezcla lo sagrado (el estudio de Torá) con lo vano (pláticas vanas), tendrá su castigo.[228]

Cuando la persona interrumpe su estudio de Torá, al llegar al Cielo le van a mostrar su Tratado de Talmud que estudió y se dará de que es mucho más gruesa que la que realmente estudió en este mundo.

Al abrirla y ver el motivo de su grosor, leerá lo siguiente: "*Meematái Korín Et Shemá Bearbit*... Hola, ¿cómo has estado?, me da gusto verte... *Mishaá Sheakoaním*, ¿qué hiciste la semana pasada?... etc. Le

[228] Rab Yehudá Yeoshúa Tzedka, en el libro Vajay Bahem hola 209.

van a mostrar todas las pláticas que tuvo y las van a incluir en su libro que estudió: ¡Qué vergüenza![229]

La hora del estudio, es como la Amidá

Contó el hijo de **Rab Shlomo Elyashib**, el **Rab Binyamín**, cuánto le molestaba a su padre que lo interrumpieran en su estudio de varias horas para hacerle preguntas, incluso muy importantes.

El Rab decía:

"Hoy ya no hay respeto por la Torá. Si estuviera dormido, no me hubieran despertado para hacerme la pregunta, sino que hubieran esperado hasta que me despertara.

Si estuviera parado diciendo la *Amidá,* no me interrumpirían para preguntarme, sino esperarían a que terminara.

Entonces, ¿por qué durante el estudio de la Torá sí lo hacen y piensan que es menos grave interrumpir?".

---

[229] Rabí Ezrá Attie, aparece en el libro Kedushat Bet Haknésset Bet Hamidrash hoja 75.

Sólo 5 minutos

En la *Yeshivá de Radin* se acostumbraba un encargado avisara a todos los jóvenes que iba empezar *Minjá*. En una ocasión se equivocó, adelantándose por 5 minutos, por lo cual el estudio se detuvo antes.

Al ver esto, el **Jafetz Jaim** se espantó mucho, ya que el hecho de interrumpir el estudio de mucha gente, incluso por sólo 5 minutos, es muy grave.

Después de varios años, cuando hubo fallecido este encargado, escucharon al Jafetz Jaim diciendo:

"¡Ay, Ay, Ay, lástima de este hombre! ¿Quién sabe que le estarán haciendo en el Juicio Celestial por esos 5 minutos que provocaron interrumpir antes el estudio de la Torá?[230]

¿El Bitul Torá es para todos, o sólo para los Jajamim?

El Talmud menciona un suceso donde **Rab Yosef** subió al Cielo, y al bajar dijo: *"Olám Afúj Raíti, Elyonim Lemáta, Vetajtoním Lemáala – Amar Lé, Olam Barur Raita" – Un mundo al revés observé: los que*

[230] Leshijnó Tidreshú.

estaban arriba (en este mundo) estaban abajo (en el Mundo Venidero), y los que estaban abajo (en este mundo), estaban arriba (en el Mundo Venidero).

Le dijo **Rabí Yeoshúa Ben Leví** a **Rab Yosef**:

"Lo que viste fue un mundo claro".[231]

Explica el **Staipeler** (**Rab Yaakob Kanievsky**):

"Hay mucha gente que necesita trabajar varias horas al día para ganar su sustento, y sólo se ocupan de estudiar Torá un tiempo corto al día. Si ese corto tiempo de Torá lo ocupan como debe ser, sin interrupciones y con esfuerzo, cuando lleguen al Cielo van a considerar que todos los días de su vida los estudió sin interrupciones y serán considerados como los grandes de la generación. No obstante, vemos mucha gente en este mundo a quienes consideramos como los grandes de la generación porque estudian varias horas al día, pero tal vez su estudio no lo aprovechan al cien por ciento. Cuando esa gente llegue al *Shamáim* (al Cielo), todas las horas interrumpidas y desaprovechadas de cada día y día serán sumadas. Y la cuenta será tan grande, que tendrán que bajar

[231] Pesajim 50a.

a este mundo de nuevo para reparar todas esas horas interrumpidas".[232]

Lo que debemos recibir sobre nosotros en Yom Kipur

Cada año, Rabí Yehudá Tzedka solía decir en la conferencia principal de *Yom Kipur,* que debemos mejorar en no interrumpir el estudio de Torá e, incluso, que esa debe ser la *Kabalá* de cada uno de nosotros para el próximo año.[233]

Escribe **Rab Moshe Jaim Luzzato**: "El hecho de estudiar con continuidad y constancia, tiene la fuerza de anular cualquier decreto malo que D-os pueda mandar a este mundo".

Aumenta el Rab. "Cuando la persona está estudiando Torá, se considera como que se encuentra en su *Amidá* y no se le permite interrumpir por nada en el mundo.[234]

---

[232] Toldot Yaakob 101b, aparece en el libro Kedushat Bet Haknésset Bet Hamidrash hoja 53.

[233] Kedushat Bet Haknésset Bet Hamidrash hoja 52.

[234] Kabod Hatorá 72, aparece en el libro Kedushat Bet Haknésset Bet Hamidrash hoja 54.

Le pedimos a Dios que nos ayude a saber valorar su estudio de Torá y nunca lo interrumpamos, para poder estar más unidos a él, Amén.

Rabí Shimón dijo: 'El que interrumpe su estudio de Torá y exclama: ¡Qué hermoso árbol!, está exponiéndose al peligro'

(Pirké Abot 3:7)

FIN

El Manual

¿Cuántas veces hemos recorrido alguna tienda de tecnología y vemos diferentes aparatos nuevos, que no sabemos ni para qué sirven? Si los compramos y tratamos de usarlos, no podemos hacerlos funcionar hasta que leemos el instructivo.

De igual manera, cuando compramos algún aparato, en muchas ocasiones viene desarmado y para poder armarlo necesitamos de un instructivo. Y si no lo tenemos y no hay nadie que lo conozca, podemos pasar incluso días sin poderlo usarlo.

También las empresas tienen reglas, manuales de trabajo y planes para poder crecer. Sólo imaginemos a una empresa como Apple o Google; si no tienen una estructura interna, no son nada. Todo debe tener reglas e instructivos.

Pero, ¿alguna vez hemos pensado en cuál es el instructivo de nuestra vida? Nos pasamos toda la vida sin pensar en esto, pero el instructivo de la vida es la Torá.

Si entendemos que una computadora no puede fabricarse sin instructivo, ¡cuánto más nuestra vida! Dios, el Rey del mundo, nos entregó la Torá, que es nuestro instructivo, y por eso tenemos que estudiarla.

Si queremos escribir en una computadora, pero nunca usamos el teclado, jamás lo lograremos. Pasa lo mismo con nuestra vida: ¿cómo queremos ser felices y darle sentido a nuestra vida si no estudiamos la Torá? ¡En ella encontramos todo!

Sólo veamos lo que hace la Torá con el Pueblo de Israel, cuyos hijos siempre están apoyándose unos a los otros: cómo hay organizaciones para ayudar a nuestros compañeros, organizaciones para necesitados, novias; lugares donde prestan dinero sin ningún interés; ayuda para gente con problemas de adicciones y muchas más. En la mayoría de ellas son voluntarios.

¿Quién hace todo eso? El manual de nuestra vida, la Torá. ¿Qué otro pueblo hay como nosotros, que siempre estamos viendo por el bien de nuestro compañero? Sólo por eso da orgullo ser *Yehudí*. Sólo con ver toda la ayuda que nos damos unos a los otros tendrían que salir lágrimas de emoción de nuestros ojos, por lo cual querernos llevar a más personas a la Torá.

Recibir la Torá

La festividad de *Shabuot* también se denomina "La fiesta de la entrega de la Torá". Podríamos preguntar:

¿Por qué: "La entrega de la Torá" y no "La recepción de la Torá"?

El **Rabí de Kotzk** respondió:

"La entrega de la Torá fue igual para todos, pero la recepción de la Torá... eso depende de la voluntad y el alcance de cada uno".

Rabí Meir dijo: 'Quien estudia la Torá para honra de Dios tiene el mayor mérito y su mérito colma al mundo entero. Es el gran amigo, ama a Dios y ama a los hombres, y Dios y los hombres lo aman. Se cubre de humildad y de devoción. Se convierte en justo, piadoso, recto y fiel. Se aleja del pecado y vive en la virtud. Los demás encuentran en él consejo y guía, comprensión y serenidad'.

(Pirké Abot 6:1)

www.ingramcontent.com/pod-product-compliance
Lightning Source LLC
LaVergne TN
LVHW010540160826
845677LV00013B/2936